学芸みらい教育新書⑦

# 新版 授業研究の法則

向山洋一
Mukoyama Yoichi

JN219315

学芸みらい社

# まえがき

本書の執筆は、他の著書に比べていささか思い入れがある。なぜなら、九死に一生を得て退院をしてから、やっとの思いで一気に書き上げた文章だからである。

当時、虫垂炎をこじらせ腹膜炎を起こし、五時間もの手術。そして一カ月半も入院していた。三途の川の近くまで行ってしまったことを覚えている。

退院後、自宅や研究所にある多くの文書・レポート・手紙やサークル通信などを整理した。全国から送られてきた三年間分のもので、ざっと段ボール五〇箱ほどになった。小型トラック一杯になり、大事に保管することにした。その他にも、教材開発などいくつかの分野に提案された一〇〇ほどの応募論文も手元にあった。それらの準備整理なども行った。

そうした仕事が一段落して、本書執筆に取り掛かったのである。久しぶりの執筆で筆も進んだ。一年に一度あるかないかのグッドな状態であった。

第一章は、そのような状態の中で一気に書き上げてしまった。すべて書き下ろしである。私がこれまでに、どのような研究スタイルで取り組みを蓄積してきたかを論じた。

全部で一〇の観点から述べているが、研究の内容、方法、態度、心構えといった領域に大別することができる。

まず研究内容に関していうと、学校で取り組んでいる研究を大事にすることだ。それが一番生産的だからである。私の場合は、常に校内研究で行う学年研究の課題に徹底して取り組んだ。その結果、いくつもの向山型といわれる重要な実践・提案の誕生につながったのである。

取り上げたテーマについては原点にまでこだわることが大事である。教育研究の場合はそれは学習指導要領にまず当たる、ということである。もう一つ大事なことは、研究内容は限定することだ。具体的に絞り込むことで研究的価値が付与される。そして、それは主題名にまず表れるということだ。

次に方法に関しては、大作主義で臨むことを私は常とした。つまり、指導案や研究報告など、一〇枚程度で終わってしまうようなものではなく、重ねると厚さが一センチから二センチ程度になるくらいの分量を書き上げるのだ。これは、間違いなく自分の力量を向上させる。

また、その中には、必ず自分の考えを入れること。人の借り物の文章で埋めるのではなく、授業をとおして得た子供の実態や自分の考え、問題意識をしっかりと明記していくことだ。ただしそこには、嘘を入れてはいけない。これは研究としてきわめて重要なことだ。

最後に、態度や心構えとしては、志をもち、楽しく取り組むことだ。それには研究の仲間を作ることが最も確かな近道である。

第二章以下では、研究の進め方や追究の仕方などを、実践を通してさらに具体的に論じてみた。こちらの方は、当時の雑誌『授業研究』に連載したものをベースにしてまとめた。新版の執筆に当たっては、雑誌に掲載した当時のエピソードなどはできるだけ削り、研究法に直接関連する内容に絞り込んである。

真に研究に値する成果を教育界に生み出していくために、問題提起となれば幸いである。

向山　洋一

目次

# 第1章

# 向山流研究法一〇カ条

学び続ける教師だけが、子供の前に立つことを許される――と私は思っている。

人類の文化を伝え、知識を授け、考える力を育て、人と協力することを教え……という
ように、教師に負わされている仕事の意義は大きく、そして重い。

あるところに、悪いことばかりして近所に迷惑をかける子供がいた。目にあまるいたず
らだった。

近所の人が見るに見かねてその子を叱った。

叱られた子供の父親は近所の家に怒鳴り込んで、激してナイフでその人を刺して言った。

「先生でもないのになんだ！」

激して人を刺した父親でさえ、教師がやることには文句を言わなかったのだ。

長い間教師をしてきて、多くの教師を見てきた。たくさんの親から相談も受けてきた。「子
供」、「親」に全く人気のない教師もけっこういた。「人気のない」どころか、「親」も「子
供」も毎日「その先生がいなくなればいい」と祈る対象となるような教師も稀ではなかった。

そんな教師に共通することは、いくつかあった。

その中での最大の要因は、「勉強しない」ということであった。

勉強しないというのは――毎月教育雑誌の一冊、二冊さえ購入しない、年に一回程度の

研究授業さえしない、身銭をきって講演会などに参加したことがない、話題になっている教育書を読んだこともない、自主的な研究会で勉強することもない――というようなことである。

そのくせ、「子供」にも「親」にも毛嫌いされていながら、そのことを知らず、(知っても)「自分は正しい」「自分の能力は人並み以上である」と思っているのである。

私たちの常識から考えれば、教育雑誌を毎月五種以上購入したり、研究授業を年に三回以上やっていたり、話題の教育書に目をとおしていたりして、やっと人並みなのである。最初から努力もしないで、「人並以上」であるはずがない。

それでも、若いころはいい。「若さ」のもつ特質が少しはカバーしてくれる。しかし、三〇歳を越えれば、(勉強しなければ)教師としての力量は落下の一途をたどるようになる。五〇歳ごろになって、「子供」からも「親」からも毛嫌いされたら救いようもない。「退職」しか手は残されていないからである。

そういう人が、けっこういるのである。

あらゆる「プロ」の中で、おそらく教師が最も「アマチュア」に近い存在である。

最もプロらしいプロは、棋士、力士である。たとえば相撲なら、全日本で優勝して、国体で優勝してさえ、角界に入れば幕下の付け出しである。

将棋・囲碁はもっと厳しく、アマチュア日本一の中からプロになれる人は、五〇年間にわずか五本の指に入るくらいしかいない。

企業に働く人々も、近年、プロとしての力を向上させた。だからこそ、戦後何もない状態から始まって、日本はかつて世界一の貿易輸出国にまで成長できたのである。

「サラリーマンは気楽な稼業ときたもんだ」、という歌詞が現実味をもったのは昔のことであり、「仕事」も「勉強」もしっかりしなければ第一線では生きぬいていけない。

かつて書店における「教育書」コーナーは一つの花形であったが、今や見る影もない。技術書、ビジネス書のコーナーに比すべくもない。

教師が不勉強で、その結果、「子供」と「親」が泣きを見ても何ら解決できないのは、「競争の原理」が働いていないからである。

「競争の原理」を上手に使えば、よいところも生まれてくる。この「競争の原理」が働いていないところがかつて日本の社会に三つあった。俗に言う「三K」である。

「国鉄と米と教育」である。

この「三つ」のうち、「国鉄」は、民営化の方向にすすんだ。

今後「米と教育」には、様々な形で、世論の圧力が加わる。

「競争の原理が働かないからいけない」というのではない。

世の人々は「なぜこんなひどい先生がいるのか、なぜ勉強しなくても済ませられるのか」と批判しているのである。

「ひどい先生」を訴える事例は今も絶えない。登校拒否・いじめも激増している。

> 原因は何か、どうすればいいか、教育現場こそ解決策を示すべきなのである。

こうしたことが解決されれば、現状はもう少し続くであろう。しかし、事態は悪化の方向をたどっているらしい。

その結果、当時の臨教審で香山健一氏が主張したのが、通学区域制限の大幅緩和（学校選択の自由化）である。

つまり、どの子も一つの通学校が決められているのが原則である。それに対して、隣合わせるA、B二校のどちらでも選択できるという方法である。「登校拒否、いじめ」でがまんできなければ、隣の学校に替えてもいいという方法である。

これに対して、一人の娘の父親として言うなら、私は賛成である。国民投票をすれば、圧倒的に支持されるだろう。

が、教育界はすべて反対であった。組合は反対闘争をした。それ以上に反対したのは文部省（当時）であった……（今までのシステムに重大な変更が加えられるからであるか）。

その結果、この「自由化案」（自由化と言うにはあまりにささやかな案）は、日の目を見なかった。

しかし、教師の中に不勉強な状態が温存され、「子供」や「親」からそのような批判が続出している以上、いつかはむしかえされる問題である。その時は、もっと徹底した「競争の原理」が導入されるだろう。

「競争の原理」には毒も多い。それを避けるためには、現在の状態を教師自身が解決しなくてはならない。

研究、研修の場を、教師一人一人の身に付いたものにしていかなければならないのである。

## 1　第一条　学校における研究を重視する

私は学校における研究を最重要課題にしてきた。

新卒で赴任した大森第四小学校では、視聴覚教育の研究に取り組むことになっていた。前年度までは一読総合法による国語教育の研究をしていた。

当時の私にとって、視聴覚教育などというのは、まるでチンプンカンプンであった。

しかし、私はさっそくこれに取り組むことにした。

当時、私がまずやったのは次のようなことである。

㈠　雑誌のバックナンバー（『現代教育科学』『授業研究』『教育』）を調べ、「視聴覚教育」と「資料活用」にかかわる特集をすべて選び出して読む。私は学生時代からこの三誌を定期購読していた。現在も保有している。雑誌というのは、「面白い月だけ買う」というのではなく、バックナンバーを揃えておき、必要に応じて使うものなのだ――ということを教えてくれたのは、当時東大教育学部の大学院に通っていた家人であった。

「雑誌の使い方」を知っていたおかげで、私はその後の研究活動にどれだけ役に立ったかしれない。

㈡　雑誌論文の中には、「引用文献」が示されている。次にそれを購入して読んだ。雑誌論文における「引用」箇所はきわめて価値ある情報である。
㈢　各学校の「研究紀要」の中で関係する冊子を集めて読んだ。
㈣　ノート一冊を求め、これまでの勉強をそこに整理してまとめた。学校の研究テーマと対応させ、自分の主張を出した。
㈤　それらを一冊の冊子にまとめ「研究授業」の時に資料として提案した。
この資料が、私の教師時代の最初の論文(?・)である。視聴覚教育の一試論である。(『向山洋一実物資料集』〈明治図書出版・現在絶版〉に収録されている)。

このように私は学校の研究を重視して、それに取り組んできた。
視聴覚教育が終わると、「児童活動」が研究にとりあげられた。
私も「児童活動」に取り組み「大四小の児活」という三冊の研究報告にまとめた。
この時の実践をまとめたのが、『教師修業十年』(明治図書出版)である。

大四小に七年いて、調布大塚小に赴任した。そこでは文学教育の研究をやっており、井関義久氏が講師であった。私は赴任した先で『分析批評の授業研究』に取り組んでいくことになる。国語教育界に一つの問題提起をしている『分析批評』は、ここが源流であった。分析批評が終わった後は「社会科」、そして次には「理科」を研究した。

このように私は、学校の研究に、重点的に取り組んできた。

人によっては教科だけを決め、「国語」なら国語だけを研究して、他の教科になると見向きもしない人がいる。私は、一つの専門教科をもつことには賛成だが、学校で他の教科を研究している時に、見向きもしないのには反対である。

学校には多くの人がいて、自分の研究教科がいつも取り上げられるわけではない。むしろ、ちがう教科が取り上げられることが多い。そんな時にも積極的に参加すると得るものがある。

私は、「学校でみんなで研究していること」を重視したおかげで、時間を節約でき、みんなと共通の話ができ、様々なヒントを得ることができた。

## 2　第二条　指導案・研究報告は大作主義で臨む

私は、一年間に何回も研究授業や公開授業や実験授業をしてきたが、学校で行われる正式の研究授業に力を入れてきた。

それは、授業の形を整えるということとは全く違う。

研究授業でよく思われたい教師がいるらしい。だから、前の日に練習をしたりする。ひどい教師は、答えを教えたり手の挙げ方を決めたりする。むろん、こういうのはプロとしては最低だ。

授業というのは一回一回が大切なのであり、練習などというのはあり得ないことである。そんな、ふぬけたものではないはずだ。

また、練習をして、児童に答えを教えて（つまりサギ行為までして）自分をよく見せようというのは、品性としても下等と言わねばならない。

プロなら、全力を尽くした結果、たとえひどい目にあっても、「あれが実力でした」と言うものなのである。言い訳は、決してしないものなのだ。

研究授業の練習をするなどという露骨な方法ではなく、頭を使う人も出てくる。

つまり、他の教材で授業をして、その授業の中に、研究授業の「方法・技術」をすべり込ませるのである。これを「おけいこ」という。

こういう「おけいこ」は、研究授業をする教師の九五パーセントはやったことがあるだろう。「誰も分からないだろう」と思っているかもしれないが、見る人が見ればすぐに分かるものなのである。

「おけいこ」が許されるのは、せいぜい教師五年目までであろう。教師生活五年を過ぎて、「おけいこ」をするとしたら、それはやはり恥ずべきなのだ。

ただし、他のクラスで、しかも同学年を受けもつ先生の前で、同じ指導案で授業するのであれば、話はちがう。これは立派な研究の方法である。

「おけいこ」が許されない状態、たとえば一単元連続しての研究授業とか、他のクラスを借りた研究授業などを経験してみて、初めて、教師は一人前になっていく。

さて、私が研究授業に力を入れたのは、授業の形式を整えるためではない。そんな、自分の力にならない、もったいないことはしない。

力を入れたというのは、教材について徹底して考えたり、先行研究を徹底して調べたり、一単元全部の記録をとったりすることである。

私は二センチもの厚さのある「研究報告」「研究経過」「指導案」を提案してきた。

愛知の佐々木俊幸氏は、これを「圧巻指導案」と命名した。

このような大作主義を貫いたことで、私の授業研究の力は著しく倍加された（と思う）。

大作を作るのは人のためではない。――それは、自分のためなのである。

## 3　第三条　原点にこだわる

研究する中で、他人の書いたものを「引用」する時、引用元も明記しないで、あたかも自分が書いたように書くことは決してしなかった。

教師の論文を読むと、「引用」元を明示しない「盗作」「盗用」が氾濫している。このような態度でいる限り、決して一流にはなれない。二流にもなれないだろう。学校だけで通用することでも、広い世界に出れば通用しないからである。

むろん、他人から学ぶのはいいことだ。学んだ結果を実践するのもいいことだ。しかし、研究などとして「公開」する以上、他人から学んだ考えを公開する場合は、それを明示すべきである。これは「学問、研究の原則」である。「学問、研究の原則」を知らない人が、「研究」などという大それたことを口にすべきではない。

他の人から学んでそれを実践することは立派なことだが、それは「研究」ではない。「研究」とは、そこに「新しい何か」を「付与」することである。

それは「小さなこと」でいい。いや「研究」というのは、ほとんど小さなものなのである。「小さく限定」してこそ、得ることは大きいのである。

たとえば、私は「跳び箱が跳べないのはなぜか」という原点にこだわることで、「腕を支点とした体重移動ができないからだ」という原因を発見した。

原因を発見することによって、「向山式跳び箱指導法」の開発が行われた。

「跳び箱の跳ばせ方が教師の世界の常識にならなかったのはなぜか」という原点への問いが、「教育の研究システムがワンウェイ（一方通行）になっている」という原因を発見させ、「ツーウェイ（双方行性）の研究システムを作り上げることこそ大切だ」という解決方法を発見させた。

そして、その具体策として「教育技術の法則化運動」が誕生したのである。

教育技術の法則化運動は、全国津々浦々の教室を「受信基地」から「発信基地」に変えた。

教育界で次々と提起されている問題は、「地方の青年教師」が主役になって取り組んでいる。都会の青年教師は、地方の青年教師に数年の遅れをとっている状態である。

「ツーウェイ社会」は、どの地にいても主役になれるという新しい社会生活の形を作り出しつつある。

これは、教育の世界のみならず、どの世界においても見られる現象である。

このように「小さな限定した問題」「原点」へのこだわりを私はもち続けてきた。

## 4　第四条　授業を通す

私は、研究は「授業実践を通して行うべきである」という立場を貫いてきた。

よく、次のような意見を耳にする。

「今年は研究の一年目だから、講師を招いてお話をうかがおう。」

講師を招くこと自体はけっこうなことである。

様々な意見を聞くべきであろう。

しかし、「講師を招くから授業をしない」というのでは話にならない。

「授業をしてその結果について講師の話をうかがう」というのが本筋である。

「講師を招くから研究授業をしない」というのは、「授業をしない」ための逃げ口上である。

いい年をして、プロとしての気骨がないから、そんな情けないことを恥ずかしげもなく言うのである。

学校で研究授業をする人が一人もいなかった時、「よろしかったら私に毎月させていただけますか」と私は提案したことがある。

その時は「実は私もやりたいのです」という若い教師が何人かいて、結局交代ですることとになった。

「一年に一回程度の研究授業をしないのは恥である」という風潮を教師の世界に広めるべきだと思う。

法則化黒帯六条件の中では、「プロの入口」に到達する目安を「研究授業一〇〇回」としてある。

他人の授業を見るのは参考になる。勉強になる。だから、よい授業を見るべきだろう。

しかし、いくら見てもうまくはならない。

うまくなるためには、「研究授業」をする他にない。

もし、見ていてうまくなるなら、「プロ野球のテレビ観戦」を思い浮かべるがいい。毎日、テレビでプロ野球を見たとしても、自分の野球の腕が上がるわけではない。

毎日、テレビでプロ野球を見れば、野球についての知識が増えたり、論評したりできるようにはなるだろう。つまり、野球についての「認識」は深まる。でも、野球がうまくなるには、やはりグランドでボールを追い、バットを振る他はないのである。

それと同じで、授業の腕を上げるには、授業研究をするには、研究授業をやってみることが一番いい。

「授業をする」時のあの緊張は、他では得られないものだ。

私の「授業に対する知見」のほとんどは、緊張の場面で得られたものであった。

自分のビデオを見ながら授業分析をしたことがあったが、その時も「緊張しないと分析ができない」と言って、三〇名ほどの参観者に集まっていただいた。

オリンピックの緊張の中で、新記録が次々と出るように、研究授業での緊張場面は教師にとって何物にも替え難い。

## 5　第五条　研究の仲間を作る

へたな授業を見ても「けっこうなお授業でした」と言っているような研究会では、精神的な安定にはいいかもしれないが、研究を深めたり腕を上げたりするのには向かない。

学校における研究は、現場である以上「純粋な研究」という面と、「腕を上げる」「教育の現状をよくする」ための「実践の向上」を目指す面をもつ。

へたな授業を「けっこう」と言い、他人の書いたものを自分の書いたもののように写す論文の文章を書くだけでは、得るところは少ない。

何も、ケンカごしに言えというのではない。

むしろ、誠実におだやかに言うべきだろう。

しかし、「本当のこと」を言うべきだ。「本当のこと」を言うのが差し支えるなら、「嘘は言わない」ということで黙っているべきだ。

研究や実践をすすめる上で、気の合う仲間を見つけられたら、こんなに幸せなことはない。

そんな人は、そういるものではない。

自分を入れて三人――そう三人いれば、宝クジで一〇〇〇万円が当たるより幸せなことである。

私には、勤務校（小学校）では「西川、小方、新牧、……」というようなよい仲間がいた。学校を出ると、京浜教育サークルがあった。私たちが新卒の時に作った小さなサークルである。

東京の片隅で、名もない新卒教師が四人集まって作ったサークルだった。

それから毎月二回の研究会を重ねた。研究会では毎回たくさんの提案がされた。

そして現在、京浜教育サークルはＴＯＳＳ中央事務局として、全国、海外で六〇〇を数える法則化サークル、また様々な全国ネットワークの要として活動している。

石黒、松本、井内の三氏は、私の替え難い仲間であり友人である。この三人がいたからこそ、今日の私は存在している。

研究の仲間を作ること（一人でいいのだ）、できたらサークルに入る（または自分で作る）ことである。

研究は他人との「交流」によってこそ、深まってくるのである。

## 6　第六条　やることを限定する

三〇代に入ってから私は、やはり少しは進歩したと見えて、教師としてそれまでとちがった面ももつようになった。

その一つは、「研究については限定してやる」ということである。

これは、前に述べた「原点へのこだわり」とも共通している。

「原点へのこだわり」は、大ざっぱに問題を捉えていると取り組みが難かしい。「限定」することによって、原点へつきすすむことが可能なのである。

たとえば、「楽しい学校にする研究」を課題（テーマ）設定したとしよう。

しかしこれでは、課題の幅が広すぎて、何を研究していいのか分からない。

「楽しい学校にする実践」という課題なら話は分かる。楽しい学校にするため、あれこれくふうしていけばいいのである。

これは、むろん大切なことだ。

しかしこれは、「実践上の課題」であって「研究上の課題」ではない。

研究とは、そこにひそむ問題の原因なり、解決法なりを、他に分かち伝えられる方向で明らかにしていく作業なのである。

だから「楽しい学習」では課題の設定の幅が広すぎる。「授業を楽しいものにする」の方が少しはいい。しかし、これでも広い。「みんなが分かる授業」の方がもう少し具体的である。しかし、これでも広すぎる。「主発問で子供が活動する授業」、この方がさらにはっきりする。

こうすれば、「様々な発問」を考え、実践し、検討していけばいい。

このようにして私は、「研究を限定」するようになった。

法則化運動も、次のように限定した結果、生まれたのである。私の主張は初めて提出したこの時から変わっていない。

## すべての教師に問う

東京都大田区立調布大塚小学校　向山洋一

一、私の問題提起はただ一つである。

## 跳び箱を跳ばせる技術が、なぜ教師の世界の常識にならなかったのか?

跳び箱が跳べない子は、ほとんどの学級に存在する。跳び箱が跳べないのは、「本人の体力が不足しているから」「ひどいこわがりだから」「気力がないから」と考えられてきた。

つまり、子供の問題として片付けられてきたのである。

だが一方、少なくない教師が「クラスの全員を跳ばせた」という実践を行ってきた。各都道府県には、数名の、あるいは十数名の跳ばせられる教師が存在していた。

つまり、片方では「跳べない子がクラスにいる状態」が普通のこととして存在して、一方では「クラスの全員を跳ばせた教師」もわずかながら存在していたのである。

しかも、この間の溝は一向に埋まってはいかなかった。そのまま放置されてきたのである。むろん、埋めるような努力が細々とされてきたのは事実であるが、効果はほとんどなかったのである。

そこから、冒頭の問いが生じるのである。

冒頭の問いを別の言葉で表現すれば、次のように言うことができる。

①跳べない子を跳ばせようとする努力をなぜしなかったのか？
②（跳ばせる努力をしたというなら）なぜ全員を跳ばせられなかったのか？
③（全員を跳ばせたというなら）なぜ全員を跳ばせる技術を確立できなかったのか？
④（技術を確立したというなら）なぜ公表しなかったのか？
⑤（公表したというなら）なぜ他へ分かち伝えなかったのか？
⑥（他へ伝わっているというなら）なぜ跳べない子がかくも多く存在するのか？

跳び箱の跳ばせ方は初めのころは無視されたが、しかし、それを求める若い教師によって広められていった。

向山式漢字習得システムも、「漢字習得」というテーマに限定したために生まれたものである。

「指書き――なぞり書き――うつし書き」という練習方法と、解答欄が二つあるテストによって構成されている。

光村教育図書から学校向けに販売された『あかねこ漢字スキル』は、大きな反響を呼んだ。

また『向山式家庭学習法』（主婦の友社）で紹介され、子供、母親にも広がり始めた。この本は法則化運動の成果を家庭学習法としてまとめたものであるが、法則化運動の成果は母親こそ求めていたのである。

法則化運動を無視したり非難する教師は多い。しかし法則化にかわる、それよりも優秀な方法を身に付けていかないと、やがて母親たちから批判されることになるだろう。

法則化運動の成果は『一年の学習』誌（学研）やその他何十万冊と発行されている本の中でも、母親向けに紹介され広がっているからである。

一つ一つを具体的に限定するからこそ、得ることは大きいのである。

## 7　第七条　自分の考えを示す

研究とは、それまでの成果に対して、何らかの新しい価値を付与することである。したがって研究する人は疑い深くなければならない。「批判」は研究には不可欠である。「批判」が存在するためには「批判」を認める「自由」が必要となる。「自由」のないところに「研究」の発展はありえない。

中国を代表する物理学者方励之氏が、若き学生に語り続けたのはこの点である。

日本には中国とちがって「批判」の自由がある。

しかし、学校の中はどうだろう。批判の自由が機能しているだろうか。むしろ、「批判」「異論」がつまはじきにされる現状が多いのではないか。

そういうところに「研究」があるはずがない。

しかし、批判だけしていればいいのではない。

文句ばかりつけていては、これまた「研究」は発展しない。

文句をつけたり、批判する人間は「代案」を示すべきである。

調布大塚小学校での研究公開発表の前に、「指導主事の訪問」があった。学年ごとに、指導主事に対してまとめた「質問」を出すことになった。

集まった質問を見て、これは質問ではないと思った。そこには「資料の活用を図るにはどうすればいいのですか」、というようなことが書かれていたからである。

これは、研究の場で見る質問としては著しく低いレベルのものである。

まず今までの研究について要約し、そこでの問題点と自分たちの考えを示し、そして質問をすべきなのである。

「どうすればいいのですか」などという質問は、避けるべきなのである。

その時の私の学年から出た質問は、次のとおりであった。

〈情報の選択能力の系譜〉――六年――

本校の研究において、一年から四年まで類似性のある授業が見られました。以下のとおりです。

一年（公園を観察して再現する。）

二年（八百屋さんを観察して再現する。）

三年（商店街を見学して気が付いた事を発表する。）

四年（校舎内の安全施設を調査して再現する。）

これらの学習を「再現する学習」としておきます。動きのある「再現する学習」は見ていて大変楽しいものでした。さて、六年から考えると「再現する学習」で身に付けたものは、その後の学習に生かされることが大切になります。しかし六年の学習では「観察・再現」は特別のこと以外はありません。そこで、別の視点で考えてみます。つまり「再現する学習」とは「情報の収集・選択・整理の学習」と考えることができるということです。こう考えますと、五年六年と続くことになります。

そこで質問致します。①上記のように「再現する学習」は「情報の収集・選択・整理の学習」と考えられますが、こう考えてよいのでしょうか？　②また六年生には、こうした学習の発展として「自分たちで情報を集め選び整理させる学習」に特別に配慮することが大切になってくると考えられますが、こうした考えは正しいのでしょうか。


「自分の考え」を尊重すれば、時には「形を整えない」ことも大切になる。

学校の中に一人の反対者がいたら、それこそ大切にすべきである。学問研究は決して多数決によって真理をつかむことはできない。

時には、時間のかかることもある。確かめなくてはならないからだ。しかし、それこそが、研究なのである。

世の中には、公開発表の時など、意見のちがう人を無理やり封じこめる学校があるという。前近代的な、反研究的なことが恥ずかしげもなくされている、という若い教師からの訴えが時々ある。こういう現状があるから、教育の学問は「何の役にも立たない」と言われてしまうのである。

法則化運動は、このような前近代的な、反研究的な状態に挑戦を続けていくことになった。

## 8　第八条　嘘をつかない

科学の研究は真実を求める行為である。

しかし、たまに嘘が入ることもある。

錯覚する時もあるし、名声に捉われたため嘘をつく時もある。

しかし、今や嘘が入るのはきわめて稀である。研究に嘘を入れた人は、科学研究の世界から永久追放されるからだ。

しかし、教育の世界はそうではない。

「研究報告」には嘘がしばしばまじっている。

そのことを他の人も知っていて、その結果「研究紀要」は「誰も読まない」という状況にある。読むのは、書いた本人だけなのだ。

私は、嘘はできる限り避けるようにしてきた。

全国から多くの教師が参観された、調布大塚小学校社会科公開研究会の「研究紀要」のまとめは、次の文章である。

研究テーマは『『わかる、できるを目指した授業の研究』――基礎的・基本的知識・技能を身に付けた子供を育てるには――〈作業化をとおして〉」であった。

第五章　研究のまとめ

Ⅰ　**「研究主題に正対する形の結論は出せなかった」**というのが結論である。それは主として、次の理由による。（個別的な研究の結果は、各学年の事例研究の考察のとおりである。）

(1)　研究主題を狭くしようと意図したにもかかわらず、現在になって考えるとなお、それは広すぎたこと。

(2)　私たちは七回の全体研究授業と三三回の学年研究授業を実施したが、それにもかかわらず研究主題の結論を出すためには蓄積が不足しているということ。

Ⅱ　しかし、研究主題から導かれる個別の課題では、**仮説的な結論に到達する部分もあった。**

以下のとおりである。

(1)　作業化について

Ⓐ　作業内容は大ざっぱに言って二つに分離した。四年後半が境である。
Ⓑ　一年～四年前半においては「観察して再現する」という学習が中心であった。
Ⓒ　四年後半～六年においては「調査し分析する」という学習が中心であった。
Ⓓ　なお、Ⓑ・Ⓒは同一の学習として考えることができる。つまりどちらも情報を収集・選択して整理・分析する学習であるということである。この意味で上学年の学習は下学年の学習に支えられ、発展したものであると言える。
Ⓔ　情報を選択するに際して、児童は自分の理解の枠組の範囲において選択した。たとえば「学校内の安全のための備え」の調査に当たって、体育館内の倉庫にある「薬品」「毛布」などを入れた箱を児童は発見できなかった（四年）。その前には赤で大きく「非常用」と書いてあるにもかかわらずである。多くの児童の目はその文字を素通りした。
Ⓕ　上学年にあっても、観察・調査をして学習する教材はある。しかし、これはその地域の特徴であるため、その地域の教師が教材の開発をしなければならない。たとえば「工業地帯の立地条件」「伝統工業」「古墳」「多摩川をめぐる問題」などである。

児童の経験によって理解しうる教材を開発する努力が続けられる必要がある。

⑵　基礎基本について

Ⓐ　基礎基本は何かという具体的追究は難しかった。それは基礎基本は、相対的概念であり、ある範囲があるためである。（以下略）

この紀要を読んだ人はびっくりしていた。「結論は出せなかった」が、研究の結果だからである。

当時、東京学芸大学附属小学校教官の伊東富士雄氏は、さかんにこの点について言及されていた。「嘘をつかない」、これは「教師の研究」を何とかしたいと思う私の願いでもあった。

## 9　第九条　楽しくやる

研究をする時、できるだけ楽しくしたいものだ、と思ってきた。

拙著『研究集団・調布大塚小学校』（明治図書出版）には、学校における研究の様子が描かれている。また『教師の才能を伸ばす（京浜教育サークルの秘密）』（明治図書出版）には、今や炸裂する研究実践集団となった法則化運動の中心になった一サークル二〇年の歴史が書かれている。いずれも「楽しくやってきた」と言えるだろう。

楽しくやっていると嘘をつかない。

楽しくやっていると一人一人の事情に合った個性的なものが生まれる。

時には「いいかげん」に見えることだって許され、実は、そこからすばらしい発見がされることはいくらでもある。

楽しくやっていると創造的になる。

楽しくやっていると志が広がる。

一九八三年の理科の研究は、私は次のように始めた。「理科研究授業奮戦記」として全教員に毎日のように配布したものである。（『向山洋一実物資料集』明治図書出版・現在絶版）

# 理科研究授業奮戦記No.1

一九八三・二・三

## ① 出立

私は今までに、理科の研究授業をしたことがありません。

そもそも、一五年間の教師生活の中で、理科を教えた経験は、四年間しかないのです。高学年の担任が多く、専科がいたり、教科担任制をとっていたりで、理科を教えなくてもよかったわけです。

それが、理科の研究授業をすることになったのですから、大ごとです。

多分、私にとってめったにはない研究授業なので、しっかり記録しようと思ったのですが、ここで壁に突き当たりました。

理科についての素養がもともと不足しておりますから、授業記録にならないのです。研究記録というにははるかに遠く、授業記録さえおぼつかなく、言ってみれば実践記録に近く、それも手さぐりの「奮戦記」になりそうなのです。

そこで、もう思いきって、今までの心づもり(たとえば初等理科教育研究会方式の書き方をしてみよう)を全部すてて、全くの我流で書いてみようと思いました。

楽屋裏も全部さらけ出して、「記録」にしてみようと思ったのです。読みづらいところは、お許しください。

さて、講師の小出精志氏は、私にとって最もこわい人です。現在は志茂田小学校の校長ですが、一五年前は大森第四小学校にいて新卒の私と同じ三年生の学年主任をしていました。

都の研究員は、本校の中島校長と同じで、教科書の執筆をしていました。どういう人かというと「誠実そのもの」といった人なのです。

私はご承知のとおり謙虚さに欠ける人間ですが、それでも教師の師匠と考えている人が一人いて、兄弟子《あにでし》と考えている人が二人います。私にとって、唯一の師匠は、石川正三郎氏（前大四小、調布大塚小校長）ですが、兄弟子の一人が小出精志氏なのです。

ですから、研究授業はつらくもあるし、楽しみでもあります。楽しみというのは、一緒にお酒が飲めるからです。早く研究授業が終わって、二次会にならないかなあと空想しています。

私にとって、こわい兄弟子が来るので、何とかしなければいけないと思っていました。学年の桐谷、小方の両先輩はさすがに授業の計画も安定していて、私はその後ろからうろうろ付いていく状態でした。

## ②　実態調査

研究授業を二月上旬にやることが決まった直後、とりあえず一つの実態調査をしました。これは、単なる思いつきです。しかし、「実態はどうか」という思いつきの調査は、後になって役立つ時が多いので、私はよくやります。これが後に「向山先生って、何て計画的なのだろう」と思われる原因になります。

でも、ぶちあけた話が、ほんの思いつきなのです。ただし、その思いつきには、今までの勉強が反映されているかもしれません。

さて、第一回目の実態調査は何と一〇月一五日にやっております。別途プリントのとおりです。

予備調査の問題はたったの一問です。「A図とB図では、どちらの電球が明るいか」という問いです。

調査結果は、A図が明るいとする子が二〇人、B図が明るいとする子が一三人、両方同じだという子が三人でした。

これは、ほぼ予想どおりでした。A図が多いのは、電流は水道のように上から下へ流れてくると考えているためです。

この実態調査から次の二つが分かります。①子供は電気は流れると考えている。②子供は電気は水道のように流れるとイメージしている。

この二つの点は、これから学習する「豆電球とかん電池」の単元では大切なポイントとなります。そこでは「回路」についての考えが基本になるからです。

さて、早々と実態調査はしたのですが、後はさっぱりでした。そのままになってしまって、研究授業（二月一〇日）が近づいた一月下旬にバタバタし出しました。

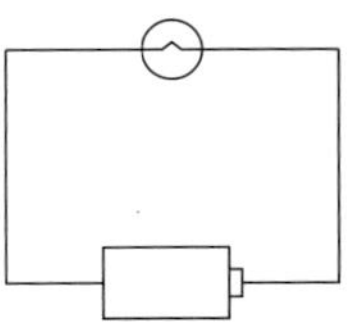

B図

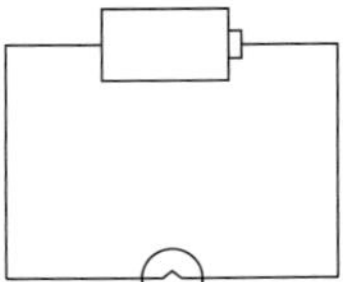

A図

### ③ どろなわ

一月になって研究授業に取りかかろうとしていたのですが、新潟大附属小の研究紀要とか東学大附属世田谷小の研究紀要とか、いくつか取り組まなくてはならない仕事があって延び延びになっていました。

この時期に、桐谷先生と小方先生の「三態変化」「重さくらべ」の研究授業があったのは幸いでした。校長先生、遠藤先生を含めての話し合いなどで、段々に「理科を考えなくちゃいけない」という気分にさせられてきたからです。隣の席が竹内先生だったのも幸運で、たまにおしゃべりの話題にすることができました。

このように、泥縄式に条件が作られてくる中で、一月中旬、わりとまじめに理科の教科書を読んでみました。

読んだ感想を一言で言うと、「何も読まなかったみたい」というものです。

もちろん私の力量不足のためですが、それにしても読後に何も残らないのです。少々キザに言えば「私を説得する教材の理論性」が見えないのです。

私は、かなりとまどいました。そして、二、三冊の本に当たってみたのですが、同じでした。あまりピンときません。ただ、回路について「あれこれ」の図面を子供は考えるものであると知ったのは収穫でした。

とまどった私は、再び教育の原点である「子供」に帰ることにしました。

### ④ 電気はぶつかる

再び私は実態調査をしました。調査問題はどうしたかと言いますと、正直に言ってこれもその場の思いつきです。どうも、行き当たりばったりで恥ずかしい限りです。

ただ、実態調査の時に、「電気の流れ」「回路」「二つの回路」について聞いてみようというような意識はありました。「意識」程度であって、「考え」までにまとまっていませんでした。

後になってみると、この時の私の「意識」は、かなり教材の本質に迫ったものらしいことが分かりました。

さて、実態調査ですが、一〇月にやった調査を追認した後、本当にその場で思いついて、次の問いを出しました。

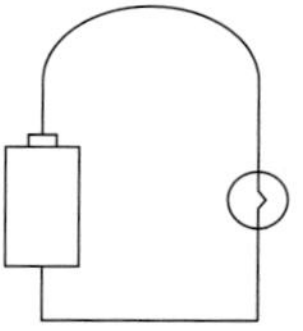

C図

C図のような時、電流はどのように流れるかという問いです。（平面においてです。）

子供たちは「電流は流れる。しかも水道のように流れる」と考えています。これは前回の調査で明白です。

そこで「どの方向に流れるか」と聞いたのです。

くわしくは、「実態調査」のとおりですが、何と二九名もの圧倒的多数が「両側から流れてくる」という意見なのです。

両側から流れ出た電流が、まん中でぶつかって光を出すという考えなのです。

私は感心したりびっくりしたりしました。

ただ、この考えを授業によって変えなければならないと思いました。大変なことだと思いました。もちろん、口で教えるのは簡単です。しかし、それは授業ではありません。塾でやることです。アマチュアがやることです。ある事実を示して、考えを変えねばなりません。そこが問題であるわけです。

⑤どうつないでも同じ?

実態調査の次は、乾電池を二つ使った回路について問いました。

D図のような時、豆電球の明るさはどうなるかという問いです。

結果を集計すると次のようでした。

Ⓐ 二倍明るい　二人

Ⓑ 少し明るい　一〇人

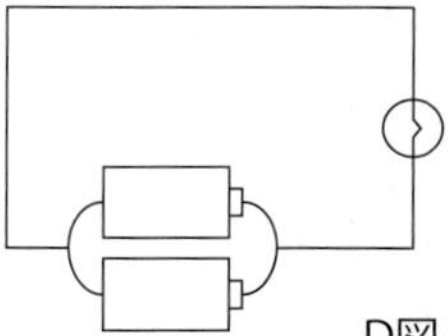
D図

Ⓒ　一個の時と、同じである　二〇人
Ⓓ　つかない　一人
Ⓔ　電球がきれる　二人

ここで注目したのは、「少し明るい」という数字がかなり多いということです。私は、意識的に「少し」という言葉を入れたのですが、この言葉は子供のある状態の反映と見ることができます。

「ほんの少し」だけ変わるかもしれないという予想を子供はするわけです。これは、自分の意見の根拠が弱い時に出てくるようです。つまり、「あれか、これか」と迷っているのです。でも、何となく「こっちの方が正しい気がする、しかしそうでない気もする」というような時、あるいは「まず、こうだと思う。でももしかしたらちがうかもしれない」というような時、「ほんの少し」の変化を予想するみたいです。

ですから、授業がすすんでいくうちに「『少し』かわる」という意見は急速になくなってきました。それは、根拠とすべき内容が学習されてきたからと考えられます。前時の学習内容を使うようになるわけです。

さて、次の問いは、以下のようなものでした。

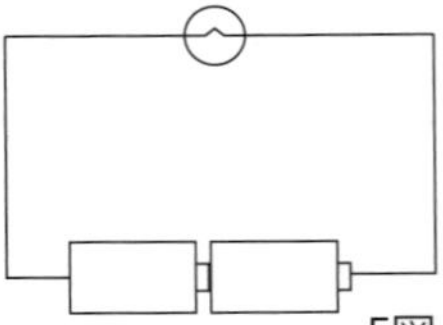

E図

E図のような時、明るさはどうなるかというものです。結果は次のとおりです。

Ⓐ　二倍明るい　七人
Ⓑ　少し明るい　八人
Ⓒ　同じである　一七人
Ⓔ　つかない　二人

ここで注目したのは、Ⓒの同じである、と考える子が半数いることです。つまり、前問だけ見ると正解は二〇人ですが、今回は正解が七人です。これは、「並列つなぎ」と「直列つなぎ」のちがいが全く意識されていないことを物語っています。

このつなぎ方のちがいを、はっきりとさせていくことが、授業のポイントの一つと考えられます。

⑥「ほんの少し」の理論

実態調査の最後は、豆電球を二つ使った場合です。

まず、F図の場合の明るさを聞きました。結果は次のとおりです。

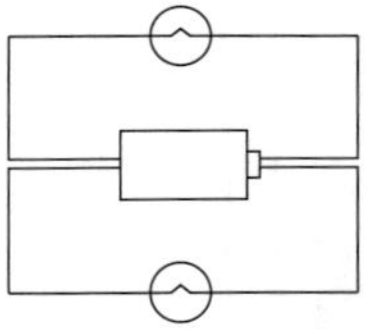

F図

Ⓐ　同じ明るさである　七人
Ⓑ　ほんの少し暗い　一六人
Ⓒ　1／2くらい暗い　八人
Ⓓ　つかない　三人

これには、子供は迷ったようです。Ⓑの「ほんの少し暗い」が半数近い一六人もいることからもうかがえます。

「子供は迷うと〈ほんの少し変化する〉という考えになる」という先の向山の仮説が裏付けられています。この向山の仮説は、なかなかの迷論と思うのですが、いかがでしょうか？

この問題の正解者はわずかに七名です。乾電池二個の場合と比べると、はるかに混乱は大きく、正解も少なくなっています。

（以下略）

## 10 第一〇条　志を立てる

私が明治図書から初めて原稿依頼を受けて書いたのは、「絶えざる追究過程への参加」である。斎藤喜博の「跳び箱」についての論述を批判した上で、「向山式跳び箱指導法」を書いたものである。私の「志」はここに凝縮されている。

この論文は、次の文で始まる。

> 教育実践記録を書くことは、まとまった教育実践の発表であるというより、より価値ある教育をしたいという絶えざる追究過程への参加である。
> すぐれた実践の創造は、教師全体に課せられた共同の仕事であり、幾世代にもわたって引き継がれていく課題である。それは一教師一研究団体だけでできるものではない。

この大切な文章は「向山式跳び箱指導法」の陰に隠れていた。

しかし、小林篤氏が批判的に取り上げてくれた。ここに「跳び箱論争」が行われたのである。

その後、一九八七年、『現代教育科学』一〇月号の中で小林氏は、次のように言及された。

初めのうち私は、向山氏が論文の末尾に必ずつける「とび箱を全員とばせられることが教師の常識とならなかったのはなぜか」という文章の意味がよくわからなかった。また、前掲の向山論文の中の「すぐれた教育実践は共有財産であるという思想」とか「共有財産はすべての教師の参加によって創られているという学問的組織論」というような語句の意味もよくわからなかった。私は、これはマルクス教育学の考え方なのだろうかと思ったほどである。

小林氏は、ありがたいことにこの大切な点に再度触れてくれたのである。
そして、一九八九年七月の同誌で、さらに次のように述べられた。

いま論争を振り返ってみると、向山氏の主張は誠に先見の明に充ちており、後世の（と言わずとも、現在すでに）教育史家は、ここにあの歴史的な教育技術法則化運動の源泉を見ることができると評価するであろう。

論争の相手であった小林篤氏が、私の主張したかった最も大切な点を見ていてくれた。

これは、私にとって実にありがたいことであった。

小林氏が問題にした点こそが、私の主張であり、その主張は私の「志」に変わったのである。

当時「教師は他人の真似をするものではない」と言われ「すぐれた教育実践は共有財産である」という思想はあまり見られなかった。

その結果、我流の教育が氾濫していた。


そしてまた、共有財産にする上で、実践の批判・検討は不可欠であるという研究的方法もあまり見られなかった。

ましで、共有財産はすべての教師の参加によって創られるという学問的組織論

は、全くなかったと言っていい。

それは、誰か偉い人が、大学の先生がやってくれるものだと多くの教師は思っていたからである。

しかし、大学の教育学は海の向こうと過去の遺物ばかり見ていた。

「共有財産」と「すべての教師の参加」で作ろうという「学問的組織論」を実現すべく生まれたのが、教育技術法則化運動である。

教育は、人間が人間を教えるという恐ろしい仕事である。

だからこそ、生きがいもやりがいもある。

私は、一人前の教師になっていくために研究を続けてきたが、それを支えてくれたのは、「教師としての志」であった。

「いかなる志」をもつのかで、長い時間の後には結果がちがってくる。

そして、最後もこの文で終わる。

この時の論文で、私が最も重視していたのは次の文である。

「跳び箱を跳ばせられる」ことが教師の常識とならなかった実践・研究に、私は小さくない問題を感じる。

「すぐれた教育実践は共有財産であるという思想」、「共有財産にする上で実践の批判・検討は不可欠であるという研究的方法」、「共有財産はすべての教師の参加によって創られるという学問的組織論」の確立が、一部の人々の努力にもかかわらず遅れているのである。

教育のかかえる問題は大きい——多くのすぐれた教師が、身にすぎた志を抱き挑戦していかれんことを、同じ道を歩んだ先輩として望みたい。

# 第2章

# 研究をすすめる

## 1　ある研究の出発

東京都には、「教育研究員」という制度がある。教科・領域ごとに、各区・市から中堅教員が一名ずつ集まって、一年間研究をするのである。

各区から一名であるから、それなりに力量のある教師である。それが、「自らテーマを決め」「自ら研究を考え」「自ら実践して」研究をまとめるのである。

研究会の回数は、一年間で七、八〇回にものぼる。

私は一九八〇年に経験した。「教育課題」という分科会である。その時に、自分の学校で報告した通信をそのまま載せてみたい。全く知らない人と出会って、どのように研究に手を付けていったのかということが分かると思う。

教育研究員報告　No.1　　一九八〇・五・一六

1　教育研究員としての研究を、それぞれの立場において生かすようにと言われておりますので、とりあえず、どんなことをしようとしているのか、ということをレポートします。研究についてはやがて「研究報告書」が作られ、都内の各学校に配布されます。ですから、そういう面は省いて、「研究」に対して私がどう考えたとか、「研究」以外の「研究」にどう取り組んでいるかについて、「研究的ではない表現」で述べていこうと思います。従って、独断と偏見を含んだ、私的な報告です。

2　私が所属する分科会のテーマは「教育課題」です。

各教科、道徳、特活等に含まれない、それらにまたがっている内容を研究するわけです。私はどんな内容なのか、長い間分かりませんでしたが、単純に理解する方法を思い付きました。「教務主任会を中心として、生活指導主任会と学級・学年経営研究部などが混ざった会」を思い描けばよいのです。

昨年度の研究主題は、「ゆとりのある充実した学校生活」でした。研究内容は、「週時程についての研究、検討」と、「○○の時間の研究」が中心でした。

研究員は三三名です。他の分科会と比べて平均年齢が高いように見受けられました。

3　四月一八日に、番町小学校で研究員総会がもたれました。そこで、「発令通知書」

などもらいました。欠席者はいませんでした。

職務……教育課程の研究
給与……無給

「発令権者、東京都教育委員会」などという、いかめしいものです。

その日は自己紹介をして、月例会の会場を決めて終わりでした。自己紹介は区、校、氏名だけの簡単なものでしたが、ちょっと印象的でした。

「調布市○○小学校△△です」「○○区向山小学校××です」、そして、その次に私が「大田区調布大塚小向山です」とやったからです。

月例会の会場は、駅から近い学校が申し出て決まりました。

その後で、世話人を六名決めました。「教育課題」の分科会は、他の分科会と少しちがうところがあるそうで、たとえば以前に「社会科」とか「国語」とかで研究員をやったことがある人が何人もいます。そういう人たちは、「研究員」のベテランであるわけですから、その人たちにお願いすることになりました。

最後に、担当指導主事の上原哲男先生から、「次の月例会でグループ分けをする。そのための資料として『何を研究したいか』についてレポートを書き、送ってください」という話があって終わりました。

4　私は、このレポートの題が少し不満でした。「いかなることが課題であるか」という吟味を欠いているからです。研究は、そういうところから考えていく必要があると思っているからです（ただし、制約された時間内でそうすることが能率的であることは分かります）。

私はその日のうちに、〈資料1〉のレポートを書き、翌日上原先生あてに送りました（資料1は、「研究への異議申し立て」。後日紹介したい）。

教育研究員報告　No.2　一九八〇・五・一七

1　第一回月例会は、中央区久松小学校でもたれました。番町小、鞆絵小などと共に、東京で最も古い学校（学制発布の前年、明治四年創立）です。ビルの谷間に埋もれた鉄筋四階建の校舎です。校長室の隣に会議室があって、靴が沈んでいくようなじゅうたんが貼ってあるのです。

何もかもがちょっとずつちがって、「すごいな！」と思いましたが、校庭でやっている六年生の体育の授業を見ていて、「すごくないこともあるな！」と思いました。建物は区によりいろいろですが、授業は区によってちがいはないからです。

会議室の前を、音を立てずに走っていった子供たちが、美しく見えました。

2　この日は、研究主題を決めて、グループに分けるのが課題です。

別紙のような会の進行で別紙のような提案がありました（別紙とは、会の進行次第）。世話人さんたちが、印刷して準備してくれていたのです。さすがに「研究員」のベテランです。やることに、ソツがありません（「研究」のベテランかどうかはまだ分かりません）。

3　五月一日までに届いたレポートを分類して、資料のように要約しました。そして、三つのグループに分けられました。

(1)　ゆとりと充実のある授業
(2)　創意を生かした教育活動
(3)　学校生活全体にかかわるもの

(2)と(3)が分かりにくく質問も出たのですが、大変はっきりしているのです。(2)は、「大塚タイムをどうするか」というような研究活動です。ある限定された時間の研究です。(3)は、教育課程論、教育課程実践の研究です。学校全体の教育システムが対象となっています。

4　私のレポートは(3)に分類されていました。しかし、変えてもよいのです。私は、(2)は研究方法としては楽であるけれど、面白くはないと考えました。一年間に六〇回も七〇回も研究会をやり、合宿までして研究する対象としては魅力を感じませんでした（そもそも、今次指導要領が三領域で成立している以上、「〇〇タイム」は、教育課題というより、学校運営課題というような意味しかないのではないかとも思います）。

私は、教育課題として「授業」がグループ化されたことに注目しました。多分、初めてのことと思います。「教育課題」としての「授業研究」は、各教科の研究とはちがってきます。「社会科研究」などとなってはいけないのです。だから逆に、授業を根本から考えられると思いました。

## 5

私の現在の興味は、「授業」に向きつつあります。私の事情によってです。第一は、私は最近「教育実践」「授業」をめぐって、斎藤喜博氏やそれをめぐる研究者(東大の吉田章宏先生や、宮教大の高橋金三郎先生)と論争しているのです。

第二は、横国大の井関義久先生と、国語の授業をめぐって、何か考えていきたいと思っているのです(私の授業への参観や、横国大のゼミへの私の問題提起などが予定されています)。

第三は、愛知教育大の安彦忠彦先生と、「授業方法を教育課程に食い込ませる」という内容での研究を、やっていこうと思っているのです(現在、お互いの基本的な考え方の整理をしつつあります)。

第四は、調布大塚小学校の研究主題が「授業」をめぐってのことだからです。

第五は、私の所属する京浜教育サークルの「研究」も、授業を志向しているからです。

6　私は、ためらわずに(1)の授業のグループに手を挙げました。(1)は六名、(3)は六名、(2)は二一名（中を三つに分ける）で発足することになりました。

教育研究員報告　No.3　一九八〇・五・一九

この日はグループ分けができればいいのですが、次の日までの課題についても、少し話し合いました。

授業グループといっても、「各科教育法」を研究するわけではありません。授業における「教育課程」について検討するわけです。どういうことが考えられるかを、考えてくることになりました。

㊀・「落ちこぼれ(1)」にどのように対応しているか？
・教育目標は授業の中にどう下降しているか？
・四〇分授業と四五分授業のちがいは何か？

・基礎的基本的知識技能とは何か?
・「ゆとりと充実」はどのように教育課程として組み込まれたか?
・協力授業組織、合科指導、etc。

教育研究員報告　No.4

一九八〇・六・二五

1　各グループからの報告があって、上原指導主事から「気がかりな二つのこと」について、コメントがありました。次のとおりです。
(1)　用語を共通にしておかないと、研究がまとまらないのではないか?
(2)　現実を追いかけるような研究になりそうなおそれが見られる。もっと根本的、分析的に見る必要がある。そうでないと技術論に陥る。
私は大変よいコメントだと思いました。全く同感です。「基本用語」「基本概念」を共通のものにする努力は、研究にとって欠かせないものだと思っています。研究がまとまらないのもそうですが、論理の中に雑多のものが混じり込んでくるからです。研究は「実践そのもの」ではなく、「実践のある部分を限定」して行われるべきだと思うからです。

2　従って、その日の「授業グループ」の話し合いは、それぞれの人が考えている授業をめぐる諸問題と、研究の方向についての感想を述べ合うことから始まりました。

これが、人によって実に様々なのです。研究員の研究歴がちがうから当然なのです。また、そうだからこそ価値も大きくなります。

「授業をめぐる諸問題」についての捉え方は、共通している面が多くあります。ちがった角度から問題をながめても共感できます。「そこに、こういう問題がある」という点では、あまり問題はありません。その捉え方が、「根本的で分析的」であるように注意すればよいのです。

ところが、それをどのように研究していくかというと、これがばらばらなのです。研究歴のちがいが、この点に明白に表れます。

3　私は、「現在の授業における課題を明らかにし、いくつかの主要な課題について吟味検討し、課題を克服する実践的研究をしたい」と発言しました。

福田先生は、「授業をどのように展開したらよいかを研究し、その過程で授業の課題を明らかにしていけばよい」と主張されました。

上村先生は、「充実した授業のためには、質的転換が必要であり、そのための三つの指標について吟味してはどうか」と話されました。

津下先生は、「各学校の教育目標が、授業の中にどう具体化しているか、から考えてみよう」、と言われました。

それぞれ、ばらばらであるために、グループの会を二三日にもつことになりました。

## 教育研究員報告　No.5

一九八〇・六・二六

1　私は「授業における教育課題と解決への模索」というプリントを準備しました。現在の授業をめぐる諸問題や、解決への努力(○○学習)などを一覧表にしたものです。

私はこういう表を作る時、二、三種類の教育雑誌の過去一五年分ぐらいに目を通します。「授業」に関する特集を選び出し、その記事を読み、大切なのは線を引き紙をはさみます。最後は、よいと思う記事一〇ぐらいを軸にまとめるのです。

2　プリントには、その他に各研究員の意見や、上原先生に「参考にしなさい」と言われた「根岸小学校」の研究も位置付けました。そして、新教育課程の大切な背景である「おちこぼし」の問題や「楽しい授業」のことも位置付けました。

このプリントを中心に話し合いがもたれました。今年度の研究はどこの学校も「ゆとりと充実」をめぐることですから、共通することが多くありました。話題の中心になったのは、学業不振児、基礎基本、主体的・自主的・追究的学習、学習の個別化、そして楽しい授業のことでした(上原先生から、生き生きとした授業というような方向はどうかというコメントがありました)。

これらのことは、かなり本質的で現在的な課題と言えます。この一つ一つの関係を明らかにしなければなりません。「向山さん、まとめてくれ」とみんなに言われて、黒板に書きました。

①楽しい授業とは
- ②基礎・基本をめぐる問題
- ③主体性、自主性、追究的学習をめぐる問題
- ④学習の個別化をめぐる問題
- ⑤学習不振児をめぐる問題

3　次のような研究予定を立てました。

7／1　②をめぐる問題の検討
7／14　③、④をめぐる問題の検討
7／24　⑤、①をめぐる問題の検討　研究テーマについて
8／20　研究テーマの決定の文章化
8／21～23　合宿、「この研究で何を明らかにしていくのか」「どのような研究方法でやるのか」についての検討と決定

4　ここで大切なのは、「基礎基本とは何か」ということではなく、「めぐる問題」としたことです。基礎、基本という言葉が登場する背景や、いくつかの定義や、その実践

などについて広く検討しておくことが大切だと考えたからです。

この後、みんなで飲みに行きました。ここで、私と上村先生の大論争がありました。上村先生は、「基礎基本は分けないで、もとになることぐらいでよい。調査官にも聞いた」というものです。私は「教育じほうに載っていたし、そういう意見は知っている。しかしそれはその人の定義だ。定義はどのようにも成り立つ。定義にまちがいはない。基礎基本を分ける学者は多い。同じと考える人をほとんど知らない。別々と考えることもまた成立する」というものでした。酔っていたからメチャメチャでした。だからこそ、とっても楽しい酒でした。

## 2　研究のすすめ方

### 1　絞り込まれたテーマ

夏休み、東京都下の御岳山の宿舎で合宿があった。

その時、研究のすすめ方、手順などについて集中的に話し合った。

話し合ったことを模造紙にまとめていくのは私の仕事だった。

大論争があって、私が模造紙を破りかけ、小川君に止められたことがあった。私も若かった。三六歳の時である。

研究主題は、全体の主題に制約されていて「ゆとりのある充実した授業――楽しく生き生きとした授業」となっていた。

話し合いの途中で、さらに絞り込まれてきて、「教育しなければならないぎりぎりの教育内容」とは何なのかがテーマとして浮上してきた。

そして、いくら「ぎりぎりの教育内容」を身に付けさせたとしても、かんで含めるような教育で子供の知性を磨滅させてしまうのはだめなのであって、「知的好奇心を刺激すること」や「自分自身が学習を続ける力」などを育てることも大切なのではないかということが話し合われた。
つまり次の三つである。

> ぎりぎりの教育内容
> 知的好奇心への刺激
> 自分で学び続ける力

合宿では、この研究を続けていくための研究の手続きについて話し合ったのである。

## 2　ぎりぎりの教育内容の中身

今、思い出してみても、いろいろな面についてつっこんで考えたと思う。
いくつかのエピソードを示してみよう。

「ぎりぎりの教育内容」とは何か、と一口に言ったところで、簡単には分からない。
言葉にまとめてみると分かったような気になるが、具体的に掘り下げてみるとすぐに分裂していくのである。

たとえば、二年生で習う「かけ算九九」を考えてみる。

「かけ算九九を学習させる場合のぎりぎりの教育内容は何か?」と問うてみる。

「かけ算九九」を学習することで、「最低、何が学習されればいいのか」賛否の軽重はちがっても、いくつかに分かれていく。

Aの人は「最低かけ算の意味が分かればよい」と言う。このように考える算数の専門家は多いはずである。

Bの人は「かけ算九九が言えればよい」と言う。このように考えてきた人も多いはずである。

Cの人は「かけ算の意味を分からず、かけ算の九九が言えなくても、それを習うことで生きる力を少しでも育てられればよい」と言う。

教師なら教育の限界局面でこのように考えた人も多いはずである。

こう考えると、「ぎりぎりの教育内容とは何なのか」が特定しにくくなる。

そこで、次のような考えが出てくる。

「ぎりぎりの教育内容」なんてないのではないか。

あるいは、次のような考えも出てくる。

「ぎりぎりの教育内容」は複数個あるのではないか。

つまり、先に考えた問いは、次のような構造をもつことになる。

●ぎりぎりの教育内容は何か
一　多くの教育内容を整理しそれを見付け出そう。
二　もしかしたら、ぎりぎりの教育内容はないのかもしれない。
三　あるいは、複数個の答えがあるのかもしれない。

これで止まるのではない。
さらに「ぎりぎりの教育内容」は分解されていく。

仮に「ぎりぎりの教育内容」があった場合は、それがいかなる系統の中に位置するのか、いかなる構造の中に位置するのか語ることも必要となる。

しかし、「構造」「系統」と関連させて本当に語ることができるのか？

「かけ算九九」を教えて「言うことができる」という教育内容と「生きる力をつける」という教育内容では、まるで構造がちがうのではないか。

概念が異なることを一つの系統の中に位置付けるのは難しい。

しかも、「かけ算九九の意味を理解した」という判定を何を基準に下すのかも問題になる。

以上のことを考えるには、「方向目標」「到達目標」という概念を取り入れた方が語りやすそうである。

しかし、そこでまた考える。

仮に「いくつかの教育内容」があったとしても、「授業によって達成度合いがちがう」というのが事実なのではないか。

もちろん、子供の実態がちがうことも原因である。しかし「教師の腕のちがい」は、それにも増して決定的な要因である。

すべての教師に共通であると一般化できることもあるが、それ以外の場面もあり得る。

私たちは、このようなことを話し合った。

さて、当時の私のノートをもとに、私が模造紙にまとめたのを再現すると次のようになる。

## 3　合宿で検討された確認内容

### 【グループ研究をすすめる上での確認事項】

#### I　研究の方向・内容

一　研究対象をできるだけ絞り限定する。
　これだけははっきり言えるという方向を追究する。
二　そのために、研究内容は以下の枠組を考える。
　A　ぎりぎりの教育内容は何かをはっきりさせる（基礎・基本とかかわって）。
　B　ぎりぎりの教育内容を獲得させる授業の筋道を考える（自主的学習・個別指導とかかわって）。
　C　以上のことを授業を通して検証する。
三　以上の研究方向・研究内容は「研究のあり方」に対する問題提起でもある。

## Ⅱ　研究の手順

一　授業者・授業単元を決定する。
　　研究内容を確認する。
　　授業内容と指導内容を確認決定する。
二　指導案の検討は次の項を含める。
　　A　ぎりぎりの教育内容は何か、それはいかなる系統・構造の中に位置するか。
　　B　授業の道筋はどうか。
　　C　自主的学習・個別指導への配慮はどうか。
　　D　授業をどう分析しどう評価するか。
三　修正した指導案を検討する。
四　授業を実施する。
五　授業の検討と分析をする。

## Ⅲ　ぎりぎりの教育内容

一　系統化・構造化の中で考える。
二　多様な価値観であることを考える。
（ぎりぎりの教育内容は一つかもしれない。または二つか三つかもしれない。あるいはないのかもしれない。）
三　一般化できるものであるかどうかを考える。
（教師の腕・教師や子供の条件のちがいによって異なるものなのかどうか。）
四　方向目標・到達目標についても考える。
A　結果が見えにくいもの、見えても記号化しにくいものがある。
B　意志・態度を育てる、やる気をもたせるという視点も必要である。

## Ⅳ　授業の筋道

一　分かる・できる授業であるか。
A　何を使ってどうステップをふんで授業するか。
B　「分かった」ということと共に「次への課題」が見えるものであったか。

二　「教え落とす」ことや「知的好奇心をかきたてること」が配慮されていたか。
三　自主的学習がされたか。
A　知的好奇心をかきたてることの配慮があったか。
B　学習方法がどう教えられていたのか。
四　個別指導がされたか。
A　授業時間内の評価をどうするか。
B　「つまずき」をどうとりあげるか。
C　「つまずいた子」をどのように教えようとしているか。
五　指導方法の向上によって、「ぎりぎりの教育内容」は変化するかもしれない。

## V　授業の分析と評価

一　二つの評価内容をとりあげる。
A　学習内容習得についての評価（到達目標・方向目標）。
B　楽しく生き生きとした授業であったかの評価。

二　二つの評価の視点をもつ。
A　教師から見た分析（Ⅲ・Ⅳの裏返し）。
B　子供をとおした分析。
①　ノートに書いた考え（消しゴムを使わせない）。
②　分かったこと。
③　疑問のこと。
④　楽しかったか。
⑤　夢中になったか。
※　低学年はどうするか。
三　到達目標（ぎりぎりの教育内容）は習得されたか。
到達目標（ぎりぎりの教育内容）には妥当性があったか。

### 4　教え落とすこと

今、読み返してみても、かなりの線をいっているのではないかと思う。私が模造紙にまとめたが、内容は前述の六名による合議・合作である。みんな力のある方々であった。

さて、この研究会の時、上原哲男氏（都指導主事）が言われたことが印象的である。指導主事を退かれてから、小学館の「わかる算数」シリーズの監修など次々に仕事を手がけられたが、それだけの力をもたれたすばらしい方であった。

上原氏は、次のように言われた。

「かんで含める授業」を「分かる・できる」授業と言っていることが多い。

だが、「かんで含める授業」は「分かる・できる授業」ではないのではないか。

私は「分かる・できる授業の条件を一つ言え」と言われたら、「子供の論理で授業をすすめること」だと考える。（20＋30）×3というような加法構造で考える子もいれば、20×3＋30×3という乗法構造で考える子もいる。両方とも考える子がいるのであって、場面に応じて指導することが必要となる。

片方の考えだけしか取り上げられないと、もう一方の考えの子は不安定な状態になる。

私はこの意見に賛成であった。前述した文章に「教え落とす」という言葉があるが、同じようなことをイメージしている。

「教え落とす」については、その当時、上田薫氏が「教え落とすことの必要性」というタイトルで『現代教育科学』(明治図書出版)に執筆している。最近、総合教育技術誌で上田薫氏は「法則化運動」に対する批判的な言及をされていたが、私の実践との関係で言えば、重なる部分があるように考えている。

ついでに筆をすべらせておけば、あれだけ問題になった「出口論争」の「ゆさぶり」概念も、ここと重なってくると思う。

「いずれにしてもゆさぶりはよい」という斎藤喜博氏の言は、「いずれにしても教え落とすことはよい」ということと重なっているのだ(念のため。後者は上田氏の言ではない)。

それにしても、なぜ教授学研究の会の研究者は、「いずれにしてもゆさぶりはよい」という斎藤喜博氏の主張を正面にすえて、論陣を張らないのであろうか。

しかし、『授業研究』誌から出発し、『現代教育科学』誌に発展した「出口論争」は私にとって大きな出来事だった。

「出口論争」がなかったら、私は今も東京の片隅でひっそりと暮らしていただろう。京浜教育サークルの面々も同じであったろう。もちろん、「教育技術の法則化運動」も存在しなかったにちがいない。それと似た運動は、いずれかの時期に誰かが、どこかで発足させただろうが、おそらくはずっと後であっただろう。

「教育技術の法則化」運動は、いくつもの流れが奇蹟的に合流して、大きなうねりとなったのである。そんな偶然が、めったにあるわけがないからである。

## 3　児童の実態調査（上）

### 1　社会科における学習能力の調べ方

これは私の昭和五五年度の研究授業の報告である。

五年生の社会科をとりあげ「社会科教育における経験と資料の関係」をテーマにしている。

今までの研究授業・報告は、ほとんど「教師のやらせ」であったと批判し、宇佐美寛氏の論文に啓発されながら模索した実践である。

まず、子供たちの実態をつかまなければならない。

私は三つの調査をすることにした。

A　資料活用の基礎的能力
B　自己学習の基礎的能力
C　仮説化の能力

いくつかの問いを、制限時間をもうけて解かせたのである。

それぞれＢ４一枚の一覧表にして、別に分析を付け加えた。

## 2　資料活用の基礎的能力

（社会科）資料活用の基礎的能力実態調査の分析　《実態調査一九八〇・一〇・一一》

### Ⅰ　基礎の範囲

1　本調査では「基礎」の語の指示範囲を次のように限定する。

> 私の学級における社会科授業の中で、日常的にくり返し必要とされる資料活用の学習活動の諸要素

授業の中で、資料をどのような学習活動と結び付けて活用しているかによって、この諸要素は異なる面をもつ。重心のおき方がちがうからである。

授業の方法は多くある。どの授業においても必要とされる資料活用能力が、本来の

意味での「共通性のある」「基礎的能力」であろう。それを明らかにするのは、私たちの研究課題ではない。また、そうしたことは少数の実践によってできるものでもない。多数の実践の収集とろ過を必要とする。従って「基礎」の語の指示範囲を、せまく限定した。

2　なお「資料の収集・構成」等の諸能力は《実態調査　2》（九六頁）で明らかにする。

Ⅱ　資料集から資料をさがす

1　生産高・生産分布のような意味のはっきりした資料は、ほぼ全員がさがせる。

2　〈さがす内容〉が表題の中に複合されている場合は、八五パーセント程度となり時間もかかるようになる。

3　索引からさがした子が八五パーセントであるが、本をパラパラめくってさがした子が一割いる。

A　一分間の時間内におけるこれらの結果は、到達目標（行動目標）から見るとどうなるのか？

**農業の学習　資料活用の基礎的能力（実態調査1）**

一九八〇・一〇・一一　大田区立調布大塚小学校五年三組　（向山洋一）

| | 番号 | 設問 | 実態の集計 ○ できる | 実態の集計 × できない |
|---|---|---|---|---|
| ①資料をさがさせる（1分） | 1 | リンゴの生産高を調べるには何ページの何番の資料を見ればいいですか | 36 | 0 |
| | 2 | 冷害が多い地方をさがす資料を見つけなさい（1分） | 30 | 6 |
| | | 〈児童がさがした方法〉A　索　引 | 30 | |
| | | B　目　次 | 2 | |
| | | C　パラパラめくって | 4 | |
| ②資料のルールが分かる（1分） | 3 | これは何のことについての資料ですか（表題） | 36 | 0 |
| | 4 | これは何年の調査結果ですか（出典の一九七九年版と混同しやすい） | 33 | 3 |
| | 5 | もとになった資料は何ですか（一九七九年版「日本国勢図会」） | 33 | 3 |
| | 6 | この数字のもとの資料は何ですか（一つの出典「理科年表」「統計」がある） | 28 | 8 |
| 資料を読める（1分） | 7 | リンゴの全国の生産高はどれだけですか | 32 | 4 |
| | 8 | みかんの静岡県の生産高はどれだけですか | 34 | 2 |
| | 9 | リンゴの生産高日本一は何県でどれだけですか（県名は書いてある）　A　県名 | 36 | 0 |
| | | B　生産高 | 35 | 1 |
| | 10 | ぶたの頭数が全国一は何県で何頭ですか（県名は書いていない）（白地図で分からないとだめ）　A　県名（茨城） | 33 | 3 |
| | | B　頭数（七〇四万頭） | 35 | 1 |

| 観点 | 番号 | 問題 | 反応 | | |
|---|---|---|---|---|---|
| ③ | 11 | にわとりの全国一は何県で何羽ですか（県名は書いていない） | A 県名（鹿児島） | 35 | 1 |
| | | | B 羽数（二一六三八千羽） | 36 | 0 |
| ④変化を読める（1分） | 12 | 肉類の輸入がへったのは何年ですか | | 34 | 2 |
| | 13 | このグラフ（色別六種書いてある）には大きな変化が見られます。どういう変化か書きなさい。 | A トマトが | 34 | 2 |
| | | | B 一九七五年に | 34 | 2 |
| | | | C 急上昇している | 33 | 3 |
| ⑤分析・統合ができる（3分） | 14 | 一九七四年に肉類が輸入減です。考えられる理由を多く書きなさい。（いくつ書いたか） | | 36 | 0 |
| | 15 | 資料から分かることを書きなさい。 | A りんごは寒い地方で生産される | 18 | 18 |
| | | | B みかんは暖かい地方で生産される | 19 | 17 |
| | | | C 生産高（県別全国一が分かる） | 23 | 13 |
| | 16 | 資料から分かることを書きなさい。 | A みかん、りんごなどの生産高はへっている | 12 | 15 |
| | | | B ぶどう、なしだけが増えている | 10 | 26 |
| | | | C 生産高（全国一など）が分かる | 32 | 4 |
| | 17 | ぶどうが増えた理由を考えなさい。 | A 品種改良をしたから | 6 | |
| | | | B おいしいから（よく売れる） | 16 | |
| | | | C よくとれるから（やすくできる） | 14 | |
| | | | D 輸出が伸びたから | 10 | |
| | 18 | ○ページの資料と比べて「ぶどうをたくさん輸出している」というのは正しいですか | | 35 | 1 |

B　辞書等の索引利用方法は活用の割合がずっと落ちる。しかし、今はこれでよいのか？

C　もっと素朴に、隣の人に聞く（見る）という方法もあるのではないか？

Ⅲ　資料の必要要件が分かる

1　標題（表題）・年度・出典などの要件はほぼ分かる。

2　調査年度・出版年度が併記されている場合の混乱が少数見られる。

Ⅳ　資料が読める

1　単純な数値の読み取りはほぼできる。

2　単位がはっきりしない子が一名いる。

3　九五パーセントの子が白地図から都道府県名を言える。

A　資料には都道府県名を記入していない生産分布図などがある。これは、知っておく必要があるのか？　地図と対応できればよいのか？

私は白地図で都道府県名を言えて、漢字で書けることを前提としている。

Ⅴ　グラフの変化が読める

1　グラフの変化はほぼ分かる。

2　〈何が〉〈何年〉〈どうなった〉の必要条件をきちんとおさえない者が三名いる。

Ⅵ　分析・統合ができる

1　何でもいいから意見をもつことはかなりいえる。

2　小さな変化を見逃す子が多い（七〇パーセント）。

3　資料を顕著な特徴から概括できる子は五〇パーセント程度である。

> A　この能力がきわめて低い。抽象化する能力はこれから育つのであろう。
>
> B　Ⅰ～Ⅴをもととして、Ⅴの能力を育てることは、中心的課題の一つとなる。
>
> C　大きな変化に目が奪われ、小さな（しかし大切な）変化を見逃していることも大切な点である。

## 3　自己学習の基礎的能力

（社会科）自己学習の基礎的能力実態調査の分析　《実態調査一九八〇・一〇・一八》

### Ⅰ　「自己学習」の範囲

1　本調査における「自己学習の基礎」の意味内容を次のようにする。

> 私から与えられた課題に対して、①内部情報を収集し、それを、②ある角度から（親和性のあるもの）分類構造化し、③分類構造化した情報（や欠落部分）を確認補充する方向を考えることができ、④それを実行した後、分類構造化した情報を修正できる。

2　しかし私は、次のことも含めたいと考えている。

> 「ある状態を概括する」ことや「ある視点から見るとそれはどこでも通用する（仮説）ことが考えられる」ことや、「矛盾する情報を関連付けて捉えることができる」

ことなどを分析・総合する能力である。

3 次のことは要求しない。

教科の目標（教科の系統化された内容）までの、子供の学習能力の接近。この「教科の目標」は大切なことであるが、それを授業の中で具現化するのは、教師の役割である。

Ⅱ 課題に沿った判断・選択

1 課題を与えられて、どれが該当する情報か判断できない子が一名いる（〇歳から父親の手で育てられた。身体のふき方もよくできなかった。すべての学習が遅れている）。

2 ある情報（内部情報）を選択・収集できない子は一名である。

3 収集する情報数は多くない（一回目、一人約五件、最高一七件。二回目、一人約二〇件、最高六〇件）。

4 情報の分野は、生産のしくみ（方法）・生産物の種類などが大半である。

5 「歴史的背景」「発達の条件」に関するものは皆無である。「働く人」「貿易」「国民生活との関連」もほとんどない。

冷害・漁業　自己学習の基礎的能力（実態調査2）

（資料収集・活用とシステムの能力）

一九八〇・一〇・一八　大田区立調布大塚小学校五年三組　（向山洋一）

| | | 実態の集計 ○ できる | △ できない | × できない |
|---|---|---|---|---|
| 判断 1 | 課題に沿った情報かどうか判断できる | 35 | | 1 |
| 選択収集 2 | 課題に沿った内部情報を選択できる | 34 | 1 | 1 |
| | A　冷害について知っていることを書く（個数）一回目 | 36 | | 0 |
| | B　漁業について知っていることを書く（個数）二回目 | 35 | | 1 |
| | ①生産高・生産分布（漁業とは何か） | 8 | | |
| | ②生産物の種類 | 27 | | 9 |
| | ③生産のしくみ（体験） | 32 | | 4 |
| | ④流通・貿易 | 2 | | 34 |
| | ⑤資源（保護） | 23 | | 13 |
| | ⑥交通条件 | 1 | | 35 |
| | ⑦自然条件 | 14 | | 22 |
| | ⑧発達の条件（技術） | 0 | | 36 |
| | ⑨歴史的背景 | 0 | | 36 |
| | ⑩働く人について | 1 | | 32 |
| | ⑪国民生活との関連 | | | 32 |
| | ⑫問題・課題 | 7 | | 29 |

| 段階 | 番号 | 内容 | | | |
|---|---|---|---|---|---|
| 構成 | 3 | 情報を体験・伝聞・意見に分けられる | 29 | 6 | 1 |
| | 4 | 類似性のある情報を集めグループ化できる（いかなる角度からでもよい） | 34 | 1 | 1 |
| | 5 | グループ化した情報群を構造化できる | 34 | | 2 |
| 調査確認 | 6 | 構造化した諸要素を確かめられる | 23 | 7 | 6 |
| | | A　諸要素（2のB、4、5の反語）が分かる | 24 | | 12 |
| | | B　方法が分かる<br>①教科書・地図帳・資料集を見る | 17 | | 19 |
| | | ②辞書・事典を見る（学校図書室などを利用する） | 19 | | 17 |
| | | ③参考書・本を見る（学校図書室などを利用する） | 10 | | 26 |
| | | ④社会科統計資料（子供用）などを見る | 5 | | 31 |
| | | ⑤日本国勢図会（大人用）などを見る | 3 | | 33 |
| | | ⑥テレビ・ラジオ等を聞く | 12 | | 24 |
| | | ⑦新聞を見る（切り抜く） | 13 | | 23 |
| | | ⑧身近な人に聞く | 6 | | 30 |
| | | ⑨専門家、子供相談室などで聞く | 9 | | 27 |
| | | ⑩図書館で調べる | 5 | | 31 |
| | | ⑪農水省・会社などへ問い合わせる | 3 | | 33 |
| 分析統合 | 7 | 情報をある視点から分析統合できる | 11 | 18 | 7 |
| | | A　概括できる（例、東北北部、北海道に冷害が多い） | 22 | 1 | 13 |
| | | B　法則化、仮説化できる（例、冷害は寒流の影響を受ける） | 2 | 17 | 17 |
| | | C　予想する情報の関係を考えられる（例、秋田は東北北部である。しかし冷害は少ない） | 2 | 12 | 22 |
| 発表 | 8 | それぞれの段階での発表ができる | 30 | 5 | 1 |

A　どのような種類の情報を集めたらいいのかはすぐに学習できる（3のカッコ内の事実から明白である）。
B　つまり5のような内容は五年の学習として期待されるわけである。

Ⅲ　情報の構成

1　情報を親和性のあるものにグループ化したり、ある視点から構造化するのは、かなり簡単な作業である。
2　情報の質を体験・伝聞・意見などに分けることも、さして困難なことではない。

A　これはもちろん、ＫＪ法の小学生版であるが、この程度のことでとどまる限り、あまり高く評価できない。グループ化した諸項目を検証させることまで追究させるべきである。

Ⅳ　調査（検証）確認

1　グループ化した情報を確かめたり、落ちている部分を補充するためには、「問題をどう立てるか」が分からなければならない。それができるのが2／3である。

2　「立てた問題」を、どのような方法で確かめるか、ということが考えられる子は七五パーセントである。

3　「調べる方法」を考えて、それらを何らかの形で実行した子は五〇パーセントである。

4　実行した方法の中で最もポピュラーなのは、教科書・地図帳等を見ることであり、最も高度なのは、図書館へ出かけて調べたことである。

> A　あれこれと調査の方法は考えてみる。しかし、なかなか実行できないというのが問題点である。意識と行動との落差が大きいのである。

V　分析統合

1　情報をある視点から概括できる子は2／3である。

2　法則化(仮説化)できる子は二名、それに近い子を入れても半数である。

3　矛盾する情報を「関係把握」する子は二名、それに近い子を入れても1／3である。

A　つまるところ、この能力が一番低い。
B　「仮説化」するとはどういうことか教える必要がある。
C　「仮説」を実際に作らせてみる必要がある。
D　研究授業では、この最も弱い部分をとりあげてみたい。

Ⅵ　発表

1　〈討論〉の授業の経験はまだない（私の場合、子供だけによる課題追究的な論争を意味している）。
2　発表の能力は高くはないが意味が通じるくらいにはできている。

後日、私は「立ち合い授業」において、資料の使い方の問題提起をするわけだが、このような実態調査・分析が背景にあったわけである。この時点で、「自己学習」についてふれている。これはもちろん、現在流行語になっていた概念と出所がちがう。宇佐美寛氏の「発問はいずれ発問を必要としなくなる人間を育てるためになされる」、という論理に導かれたものである。

## 4　児童の実態調査（下）

### 1　方法や仮説化を問う実態調査

「児童の実態」をどう捉えるかは、実はやさしいことではない。

昭和五五年の私は、宇佐美氏の「発問はいずれ発問を必要としなくなる人間を育てるためにされる」という主張に啓発されて、「実態」を捉えようとしていた。

この場合の「児童の実態」は、「どれだけの知識をもっているか」ということだけでは済まないのは明らかである。

「自分で問いを発せられる能力」の開発途上であることを描かなくてはならない。だから私は、「リンゴの生産額が多い地方はどこか」というようには問わずに、「リンゴの生産額を調べるのには何ページの資料を見ればよいか」というような問いを発した。

とりあえず、知識は除外して、知識を求める方法を調べたのである。

この場合でも、ある程度の知識は必要であった。たとえば、九〇頁の「実態調査1の7、9」の問いであるが、リンゴの生産額を示す資料にたどりついても、そこには日本地図にリンゴが描かれている資料しかなかったのである。つまり、白地図にリンゴが描いてある地点が「青森県」であることを知っていることが必要であったわけである。

このような問いを、「調べる」能力の実態調査を1で行い、「実態調査2」では、「漁業について調べる」というような大きなテーマにとりかかる時、「漁業の何を調べればよいのか」という能力、つまり大きなテーマを個々の小さな具体的問題に砕くことができる能力を調査した。

さらに、個々の問題をどのような方法で調べていくのかを調査したのである。

「児童の実態調査」として、もう一つ別の系列を用意した。

それは、「自分の体験」と結びつけて、一つの仮説を作り出す能力である。

私は、これを次の方法で行った。

(1)「〜であれば工業地帯である」、「工業地帯であれば〜である」という文を作りなさい（「仮説を作る」のです）。

これは、できるだけ多く作らせた。

さらに、重要度を意識させるために次の作業をした。

仮説を資料などで確かめるために、重要なものを三つぐらいに絞りなさい。

この時の実態調査及び分析が次項の表（一〇六頁）である。

## 2　仮説化能力の実態調査

（工場地帯の条件）「仮説化の能力」の分析　《実態調査一九八〇・一〇・二八》

1　「仮説化の能力」の意味

本調査では、「仮説化の能力」の意味内容を次のように限定する。

「〜であれば工業地帯である（になりやすい）。」

「工業地帯であれば、〜である（見られる）。」という説を作ることができる。

ただし、次の条件を付け加える。

① 自分で調べて証明できると考えられるもの。

② 本などを見てはならない。

2　工業地帯が出来上がる要因Aと結果Bは、質が異なる。時間経過でいえば、BよりAは必ず先行する。AとBは時間的に異なることを意識させるべきであると考える。従って、二種類の仮説の文を作った。

なお、社会科学として厳密に考えれば、AとBの間には次のことが必要となる。

(1)　AがBより時間的に先行する

(2)　Aが変わることによりBも変わる

(3)　Aの条件が他の条件から分離・統制されている

本調査(それに基づく授業)では、(1)、(2)のことは追究したいと思う。(3)のことは、かなり困難であろうと思う。(3)のことを意識して行った社会科の授業を、私は(小学校においては)知らない(大学における「社会学」の研究でたまに見かける程度である)。

小学校においては、(2)のことを説明するのに分かりやすい資料を与えているのが大半であり、工業地帯の発展などという時に(1)のことが授業されているのが実態であると思う。

## 実態調査の概括

1　のべ選択総数は次のとおりである。

(1)　立地条件等　八〇
(2)　指標Ａ　　四一
(3)　指標Ｂ　　九五
(4)　自然破壊等　一七九

2　次のことは明白である。
「子供たちの意見の中で最も広い分野を占めているのは、直接体験したことに基づいている内容である。」

工業が生活に与えるマイナスの部分（それも日常的に体験していること）に対する意見が多い。
(4)の自然破壊等の内容をほり下げてみる。
一位　空気がよごれている　三三名（光化学スモッグを何度も体験している）
二位　川がよごれている　三〇名（近くの多摩川はあわだっている。今は泳げない）
三位　虫がとれない　二七名（昔は、虫、とんぼをよくとったと聞かされている）
四位　緑が少ない　二四名（田舎との比較である）
五位　公害病になる人が多い　一七名（五年生に公害病認定児が二名いる）

## 仮説化の能力（実態調査3）

一九八〇年一〇月二八日
大田区立調布大塚小学校五年三組　（向山洋一）

○「〜であれば工業地帯である」「工業地帯であれば〜である」という文を作りなさい。（仮説）
◎仮説を資料などで確かめるために重要と思うものを三つぐらいにしぼりなさい

| 区分 | 番号 | 仮説 | 仮説を立てた人数 | 実態の集計 |
|---|---|---|---|---|
| ① 立地条件等 | 1 | 海に面していれば工業地帯になりやすい | 28 | |
| | 1' | アメリカに近い（太平洋側の）海に面していれば工業地帯になりやすい | 1 | |
| | 2 | そばに川があれば工業地帯になりやすい（水、平野） | 20 | |
| | 3 | 交通が便利だと工業地帯になりやすい | 5 | |
| | 4 | 広い場所があれば工業地帯になりやすい | 9 | |
| | 5 | 埋立地は工業地帯になりやすい | 7 | |
| | 6 | 資源がとれれば工業地帯になりやすい | 2 | |
| | 7 | 鉄鉱石がとれれば工業地帯になりやすい | 7 | |
| | 8 | 昔（五〇年前、一〇〇年前）に工業地帯であれば今も工業地帯である | 1 | |
| ② 指標A | 9 | 製鉄所があるところは、工業地帯である | 18 | |
| | 10 | 石油工場があれば工業地帯である | 7 | |
| | 11 | パイプで繋がった工場群があれば工業地帯である | 2 | |
| | 12 | 自動車工場があれば工業地帯である | 4 | |
| | 13 | 重化学工業が盛んなら工業地帯である | 1 | |
| | 14 | 大工場があれば工業地帯である | 9 | |

| 区分 | 番号 | 仮説 | 数 | |
|---|---|---|---|---|
| 3　指標B | 15 | 電気の消費量が多ければ工業地帯である | 14 | |
| | 16 | 水の消費量が多ければ工業地帯である | 5 | |
| | 17 | 人口が（学校が、商店が、一車両に乗る人が）多ければ工業地帯である | 30 | |
| | 18 | 他府県からきた人が多ければ工業地帯である | 3 | |
| | 19 | 車が（交通事故が）多ければ工業地帯である | 19 | |
| | 20 | 「ごみ」が多く出れば工業地帯である | 9 | |
| | 21 | 道路が広ければ（立派なら）工業地帯である | 15 | |
| 4　自然破壊等 | 22 | 工業地帯では空気がよごれている（星が見えにくい、光化学スモッグ、まわりの物がよごれやすい） | 33 | |
| | 23 | 工業地帯では川がよごれている（泳げない、にごっている、あわが立つ） | 30 | |
| | 24 | 工業地帯では海がよごれている（ヘドロ、泳げない、油が浮いている） | 13 | |
| | 25 | 工業地帯では騒音が多い | 9 | |
| | 26 | 工業地帯では公害病になる人が多い（鼻炎、気管支炎、ぜんそく） | 17 | |
| | 27 | 工業地帯では緑が少ない | 24 | |
| | 28 | 工業地帯では虫が（赤トンボが）あまりいない | 27 | |
| | 29 | 工業地帯では魚があまりとれない | 8 | |
| | 30 | 工業地帯には空地があまりない | 11 | |
| | 31 | 工業地帯では土地の値段が高い | 2 | |
| | 32 | 工業地帯では農産物が（田畑が）少ない | 5 | |
| 数 | 33 | 仮説をいくつ作ったか | 36 | |

別の角度からも直接の体験に基づいていることがいえる。

川がよごれている　三〇名

海がよごれている　一三名

「川」と「海」のよごれ、同じような事象に対しても「川」に対する反応が強い。なぜか？近くに多摩川があり、子供たちはそのよごれを日常的に見ているからである。また、土地っ子の父母の場合は、「昔は多摩川で泳いだものだ」というようなことを聞かされているからである。

3　個人的に個数を見ると、最高は㉓番の四一個である。仮説を作った個数から言える傾向は次のような事である。

仮説の数が少ない子は、他の勉強もよくできない傾向にある。⑤番の五個、⑩番の八個、⑲番の八個、などである。しかし、一五以上になると数の多少は問題にならない。注目すべきは、立地条件、指標Aをプラスした数である。抽象的内容の仮説である。これの数が多い子は、他の勉強もよくできる傾向がある。

Ⅰ　立地条件等

1　立地条件に近いもので、出てきたものは八種である。

2　臨海性の条件を言ったものが一番多く二九名である。そのうち、㉓番の子が「アメリカに近い海」と限定条件を付けている。

3　次に多いのが「川に近ければ」という二〇名である。近くに多摩川があること、多摩川ぞいに大工場があることを知っているからであろう。

4　「資源がとれれば」と「鉄鉱石がとれれば」は、ほぼ同じ意味である。「原料がとれるそばに工業地帯ができる」という考えである。これが九名いる。

（鉄鉱石と言う子は、鉄が工業の中心と考えているためである。）

5　「昔工業地帯であれば今もそうである」という、歴史的な見方をした子が一名いる。歴史的な見方は、私のクラスで初めての登場である。

　強くひかれるのは上記の4と5である。これはどちらも一時間の授業の骨格となる課題である。

A　「日本では、資源がとれるところにそれほど大きな工業地帯が発展しなかった。

なぜか？　資源そのものが不足していたからだ。
それをどう克服したのか？　どのようなところに工業地帯は発達したのか？
B　以前、四大工業地帯と言われていたところがあった。
それ以外にも工業地域は広がった。
そして今、どうなっているのか、太平洋ベルト地帯のもとになったのは何か？

＝　指標A

1　「〇〇があれば工業地帯である」という仮説であり、工業地帯の直接的なメルクマールである。

2　「製鉄所があれば」が一番多く一八名である。鉄が工業の中心であると考えているからである。

3　「石油工場」が七名、「自動車工場」が四名いる。

これらの工場分布を重ねて見ると一つの傾向が出てくるであろう。追究するとしたら次のようなことか？

A　自動車工業は、関東内陸部に広がっている。
B　初期の製鉄所は、原料である炭田を背後にもっていたが、今の製鉄所はそうではない。

Ⅲ　指標B

1　「〇〇が多ければ工業地帯である」という仮説である。
2　「人口」を述べたのが一番多くて三〇名、ついで「車」の一九名である（人口移動に注目しているのが三名いる）。
3　「電気の消費量」が一四名おり、「水の消費量」が五名いる。
4　「ごみ」に注目したのは、ほとんど女子である。

Ⅳ　自然破壊等

1　これは、ほとんどすべての子供の体験であろう。
2　「空気のよごれ」が三三名、ついで「川のよごれ」が三〇名である。
3　第三位は何と、「虫がいない」ことである。いかにも「子供らしい視点」という気がする。

4　「緑が少ない」というのは、地方へ出かけた時との比較であろう。

5　「公害病」も身近にあるためと思える。五年生の中に、「ぜんそく」で「公害認定」されている子が二名いる。

# 第3章

# 具体的事実を追究する

## 1　論より証拠

長い間、自分自身に言い聞かせてきたことがある。私の第一作『斎藤喜博を追って』（昌平社出版・現在絶版）でも述べたのであるが、それは次のことである。

> 教育の理念で教育の仕事を語ってはならない。
> 教育の事実で教育の仕事を語らなくてはならない。

教育の理念によって、教育の事実を語ってはいけないのである。教育の事実によって、教育の理念を語らなければいけないのである。

ところがしばしばこれは逆転している。

とりわけ自称実践家、自称ベテラン教師の文章に多い。

また、研究者の文章にも多い。

そういう文章は読みづらく面白くない、そして、役に立たない内容が多い。

文章の記述は、次のようであれば読みやすい。

ところが多くの論文はこれが逆転している。

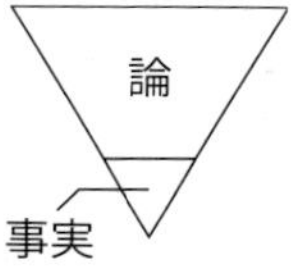


これは読みにくい。

文章の初歩的常識さえ知らない書き方である。

読みにくいだけではない。役にも立たない。

多くの事実に支えられた、選りすぐられた論ならば多くの人の役に立つ。

しかし、ほんの少しの事実をもとにした、粗雑な「論」の羅列は、分かりにくいだけでほとんど何の役にも立たない。

しかも「論」の多くはもともとその人の頭の中にある「思い込み」だから、いくら議論しても動きようがない。議論するだけ無駄な時がある。

しかし、多くの事実に支えられた、選りすぐられた論ならば、「事実」の分析によって論が動いていく。

これならば、論ずるに足りる。


昔から、日本にはよいことわざがある。

## 論より証拠

まさに、そのとおりである。

そして「教育研究」にとっての第一義的問題もここにある。

毎年、おびただしい数が生産される各学校の「研究紀要」、研究グループの「研究報告」は、「書いた人しか読まない」という場合がほとんどである。少数の例外をのぞいて一年すればみんな忘れ去り、三年もすればその存在さえ分からなくなる。

誠実な教師の誠実な努力が、このように浪費されていくのは、実にもったいないことだ。

そして「書いた人しか読まない」という状況は、ほとんどの場合「論」が長々と語られていることに原因がある。「論」に対応する「証拠（根拠）」はおそろしく貧困なのである。

論をできる限り短く書いて、証拠をできる限り多くしていけば、今までよりはるかに役に立つ研究論文になるはずである。

もちろん、研究論文の書き方はそんなに簡単ではないが、とりあえずは「論より証拠」を大事にすることが指標になる。

## 2　一度は「もと」を吟味せよ

### 1　研究会で配布した資料

調布大塚小学校の公開発表(理科)は、一九八六年二月一〇日に行われた。この日『研究集団・調布大塚小学校』も出版された。

参観者は一〇〇〇名あまりであった。沖縄から北海道まで全国三七都道府県から集まった。

研究会当日、次の冊子を参観者に差し上げた(一人当たり一冊～二冊)。

「研究通信合本」「研究紀要」「研究資料学年別」。

「研究資料三年編」は一〇〇冊ぐらいしか準備できなくて、すぐになくなってしまった。

そこで今回は、「調布大塚小研究資料三年編」の冒頭の部分を引用紹介する。私や私どもの研究のすすめ方が分かるはずである。なおこの文章は「理科研究三年」という通信形式で全教師に配布していたものである。

## 2　指導すべき内容は何かをさぐる

理科研究三年　No.1　一九八五・九・七

1　夏休みが終わったとたん、「そうだ、理科の研究授業があった」という現実に引き戻された。

今年の夏は「一気に駆け抜けた」というのが実感で、夏の間は研究授業のことがすっぽり抜け落ちていた。

始業式の時に、はやくも会話は「研究授業」のこととなった。

「九月一九日が、向山さんね」

「その前に、私たちがやらなくちゃ」

「しかし、この暑さで、考える気がしないわね」

「でも、空気でつぽうを考えなくちゃ」

「そうです。空気でつぽうです」

「教科書はどうなっているの？」

「ごらんのとおり一〇時間ぐらいの扱いです」

「それにしても暑いですね」

「他の教科書は?」

「各社とも、空気でっぽうです」

「とりあえず、実態調査してみない? 昨日の森さんのを参考にして」

「それいいですね」

「あ、このアンケート前半はいいですが後半だめです。集計が大変です。私が考えてみます」

実態調査をやってみようということで、一回目は終了した。

## 2

翌日、はやくも二回目である。

とにかく、どんな「道具」が理科室にあるのか調べなければならない。

塩化ビニール管の古いのを発見、使えそうである。長ければもっとよい。

昨年の竹でっぽうは、子供にあげてしまったらしい。

理科専科の竹内先生にも入ってもらって教材研究をする。教科書は次のとおりである。

一時間目――空気でっぽうで遊ぶ。

二時間目――前玉が出るわけを考える。

さっそく、竹内先生に疑問をぶつける。

「これ、たったの一時間しか空気でっぽうで遊ばないんです。おかしいですよ。子供の中に、問題を解決する情報(体験)が蓄積されていないのに、考えさせているんです。そのくせ単元の最後に、『二時間の遊び』が出てくるんです。まず、体験を蓄積させるべきだと思うのです。」

竹内先生も、全く同感とのことであった。てっぽうの形、長さもいろいろ変えてみようということになった。

検討を終えて、その足で「竹」を調べに行った。昨年のは虫が食ってしまっていた。竹内先生が「塩ビ管」「竹」を手配してくれることになった(翌日届いた)。こうして二回目は終わった。

3
その翌日、はやくも三回目である。小方先生が、「本時の目標」を言い出した。
「待ってください。私は必ず原文に当たるのです。教科書じゃ分かりません」

さっそく「指導要領」(一九七七年版)を開いてみた。左の文である。これですべてである。何だこれは?

(1) 閉じ込めた空気に力を加えたときの様子を調べ、空気には弾性があることを理解させる。
ア 空気を圧し縮めると、かさが小さくなるが、手ごたえは大きくなり、元にもどろうとすること。また、この性質を利用して物を動かすことができること。
イ 空気は圧し縮められるが、水は圧し縮められないこと。

「空気でっぽう」のことは、一行も出ていない。

「空気でっぽう」は、教科書会社の考えた、一つの方法にすぎないのである。

この単元は、「素材・教材」は示されていないのだ。「空気でっぽう」でなくてもいいのだ。さあ大変だ。

4 指導要領によれば、「空気でっぽう」の内容は、次の六項目になる。

① 空気は閉じ込めることができる。
② 閉じ込めた空気を圧し縮めるとかさが小さくなる。
③ 閉じ込めた空気を圧し縮めると手ごたえが大きくなる。
④ 閉じ込めた空気を圧し縮めると元に戻ろうとする。
⑤ この性質を利用して物を動かすことができる。
⑥ 水は圧し縮めることはできない。
①は二年生の内容であるが、このように入れておいていいであろう。

5 さて、ここで素朴な疑問をもつ。

| |
|---|
| なぜ、この単元が空気でっぽうなのか？ |

これは、本来、次のような単元であるべきだ。

| |
|---|
| 空気と水を圧し縮めよう |

6　この単元が「空気でっぽう」であるからには、それなりの理由があるだろう。つまり、「目標を達成するには『空気でっぽう』が最もよい」ということである。
教科書会社が各社とも「空気でっぽう」であることから、こうした考えは現在の理科教育もベテランたちの暗黙の了解事項であると考えられる。

しかし、理科教育の素人である私たちは「まてよ」と考える。「空気でっぽう」が最もよいのは本当なのか？　目標を達成するのに最もよいためには、次のようなことが必要であろう。
①　今までの学習を生かせる。
②　学習課題が自然である。
7　二年生の時は、「空気を閉じ込めて、空気の存在を理解する」ことを学習してきた。子供たちは、ビニール袋、風船などに空気を閉じ込めてきたのである。
ビニール袋、風船などに閉じ込めた「ふわふわ・ぐにゃぐにゃ」の空気を実感してきたのである。

三年生の学習は、この二年生の学習を前提にすべきではないのか。

子供は二年生の時にビニール袋のふわふわ・ぐにゃぐにゃの空気を学習している。
この先行学習を前提にすべきだ。

8　現行の多くの学習の多くは、「空気でっぽう」で遊ばせて、「どうして前玉が出たのだろう」と問うことによって、空気の性質を学習させせようとしている。

これは、ずいぶんと作為的だ。

前玉が飛び出すために諸条件が入り交じっており、これで学習すると「教師の強引な整理」がどうしても必要になる。

またこの条件では、二年生の学習「ビニール袋のふわふわ・ぐにゃぐにゃ」がほとんど生きてこない。

もっと素直に、子供に問題を投げかけるべきではないか。

「空気を閉じ込めて圧し縮めよう。空気は圧し縮められるだろうか」

「このように素直に聞くべきだ」というのが三年の結論となった。

これならば、必ずや二年生の学習がストレートに生きてくる。
その延長に、三年生の学習が成立する。
驚くべきことは、このような素直な展開例は、調べた限りでは一つもなかった。
この方法がよければ、大きな問題提起となるはずである。

9

そこで指導計画を考えた。

| |
|---|
| 第一次　空気を縮める |
| ① 空気を閉じ込めて縮めてみよう |
| ② 別の方法で縮めてみよう |
| ③ さらに別の方法で縮めてみよう |

子供たちは二年生の学習を生かして、「ビニール袋」を使うであろうという予想である。
しかし、ビニール袋では分かりにくい。だんだんと他の道具に目を向けていくであろ

う。てっぽうなども出てくるであろうという予想である。

10　そして「空気でっぽう」に入れればよい。

第二次　空気でっぽうで遊ぼう

①②　空気でっぽうを作って遊ぼう

③④　いろいろな空気でっぽうを作ろう

⑤　前玉が飛ぶわけを考えよう

第三次　水を縮める

①②　水を閉じ込めて縮めてみよう

私たちは、ビニール袋から空気でっぽうに行くであろうと予想した。これほどまでに教科書会社が強調しているのであるから、信じたわけである。

ビニール袋→空気鉄砲（教科書を信じた）

11　ところで「第三次」の「水を縮める」は、何なのだろう？
　空気と一緒に教える必然性は、どこにあるのだろう？
分からなかった（へ理屈は付けられる。が、授業としての必然性が分からなかった）。空気でっぽうを学習していると、「必ず」「必然的に」「水の縮みが問題になる」とは思えなかったのである。
だから、第三次は、とって付けたような存在であった。

空気でっぽう↓水を縮める（しかたなくくっ付けた）

12　ここは大切なことなので、もう一度書く。
私たちは、次のように考えた。

ビニール袋↓空気でっぽう↓水でっぽう（ちゅうしゃ）
　→　　　　　　　→
教科書を信じて　　分からないがしかたなく

だが、授業の中で、私たちはすごい発見をするのである。

この順序ではいけないのである。

教材の必然性がちゃんと存在していたのだ。子供たちは、どのクラスでも教材の必然性をもとに活動していたのである。

この点は、研究のポイントなので、別途に述べることにする。

ここでは、三年担任の問題意識をご理解いただきたい。

13 かくして各クラスで授業がもたれた。
授業に先立って、予備調査をした。

「空気は縮められますか?」

予備調査の段階で、ビニール袋を使っての「論争」も見られた。子供はすぐに動いた。

「空気は縮められない」と答える子が圧倒的に多かった。

これが実態である。

子供たちは、学習課題への挑戦、説くための活動を展開していくことになるわけである。

この活動が予想以上に面白かったのである。

14　子供たちに次の発問と指示を与えた。

空気は縮められるだろうか。空気を閉じ込めるものを持ってきて試してごらんなさい。

持ってきたものは、ほとんどビニール袋だった。予想どおりである。これは当然と言える。子供たちは二年生の学習を延長しようとしているのである。

子供たちは、まずビニール袋を持ってきた。小さなビニール袋から大きなビニール袋へ移った。

ごちょごちょやっている感じであった。
私はあえて何も口を出さなかった。次の時も、もっと他のものを持ってくるように指示した。

15　二時間目は、今までより道具が増えた。「空気でっぽう」を持ってきた子が二人いた。ところが「空気でっぽう」は、「空気を縮める」こととは無関係であると思い込み、全く手を出さなかった。兄や姉から勧められたのだろうが、無用の長物だったのである。

風船を持ってきた子が多かった。

次に風船を持ち込んできた

これも、分かる。ビニール袋の発展である。子供たちが体験することである。子供たちは、今までの体験（活動）を総ざらいしているのである。

風船の口のところが問題となっているらしかった。

この後、授業は面白く続くのだが、今回はとりあえず、「研究の入り口」についての一例を報告するに止めたい。

## 3　イメージの貧困が教材研究を浅くする――『作文と教育』誌の谷山論文

### 1　社会科授業を批判される

『作文と教育』という雑誌がある。「日本作文の会」の編集である。そこで、どういうわけか私の社会科の授業への批難がされている。

論者は谷山清氏である。私には初見の氏名だが、「元奈良教育大附属小教師」という肩書きからして、日本作文の会では重要な人なのかもしれない。

まずはその文章を紹介することにしよう。

> 「何を教えるか」「どんな教材で勝負するか」の何がしっかりしていないと、小手先の方法、技術をどんなにいじっても本物の味が出ないのかということです。
>
> これは研究授業の指導案で特別の労作ですが、日常の授業においても、授業を本物にするには、音楽なら音楽、図工なら図工、社会なら社会の教科の本質に基づいて、その教材の目標、指導内容、方法が密着していなくてはならないと思うのです。
>
> 若い先生がとびつくから、女の先生が喜んでくれるからというので、安直に「技

術」「技術」へと心を向けると、日本の教育が痩せ細ります。

「若い先生がとびつくから」「女の先生が喜んでくれるから」がなぜいけないのか?
しかも、「若い人」「女の先生」がとびついているだけではない。心ある先輩は、ちゃんと支援してくださっている。

谷山清氏と同じ時期に奈良教育大附属小学校で教えられ、指導主事、指導課長補佐、校長を経て退職された辻貞三氏は、「いろいろと言う人がいるが、がんばりなさい」と激励の便りをくださっている。拙著『教師修業十年』も周囲に勧めてくださっている。

法則化の「技術主義の批判」をされるなら、せめて『教師修業十年』を読んでからにしてほしいと再三書いているのだが、谷山氏は読んでいないのだろう。

## 2　谷山氏の授業解釈

さて、「教材研究」を重視する谷山氏は、「江戸時代の人口」について、次のような教材解釈を示してくれている。

六年生の歴史学習に「江戸時代の人々」を題材にして授業に組み入れることは適当とは思いません。

だが仮に、これを生かしたとした場合、向山氏の出しておられる資料が一七二〇年代から一八四〇年代にわたっていますから、享保、天明、天保の大ききんと人口のかかわりを教えるのが、歴史学習の意味から考え、妥当かと思われます。

そうすれば、最低次のようなことは指導上おさえるべきです。

●江戸時代にはたびたび凶作とききんがあった。
●ききんのたびに農民や貧しい町人がたくさん死んだ。
●そのため、この時代は人口が横ばいで増えなかった(途中増減の起伏はあるが、一七三〇年ごろも一八三〇年ごろも約二七〇〇万人ぐらいで人口増が停滞している)。
●特に大きなききんとして、享保、天明、天保の三つがあった。この直後に人口が激減している。

——ここでグラフを見て分からせる——

●ついで「天明のききん」についてやや具体的に学ばせる。
●最もひどかったのは東北地方で、毎年の冷害で、米も麦もヒエも豆もとれず、農民は木の皮や草の根、わらだんごやこけも食べた。食物がなくなると、食物をもとめてさまよい歩いた。道ばたには農民の死がいがいっぱいあった。津軽藩だけでもうえ死にする者一〇万人、伝染病で死ぬ者三万人、空家三五〇〇〇戸というありさまだった。

●高い年貢をとられ、苦しい生活においやられた農民は、自分の子供を養えなくなり、殺したり捨てたりすることもあった。

●ききんでまっ先に犠牲になったのは女の子だった。「もしもこの子が女子なれば、むしろにつつみ縄をかけ、前の小川にすっぽんぽん。下から雑魚がつつくやら、上からからすがつつくやら。」（捨子教誡の歌）という歌がのこっている。

●ききんになっても、大名や武士はうえ死にしなかった。それだけでなく、この大ききんに、津軽藩では四〇万俵の米を江戸、大阪に売り、農民から年貢を取りたてた。

常識程度の教材解釈である。「江戸時代の人口」を教材とするなら、新卒教師でもすぐにたどりつく教材解釈である。

> 江戸時代の人口は二七〇〇万人ぐらいで停滞している――

と言われるが本当か？　この数字は疑わなくてはならない。

その当時の人口調査はどのようにしたのか？「人口」の中に全員が含まれていたのか？

調べると次のことが分かってくる。

「人口」の中には武士階級は入っていない。

「人口」の中に「その他の人々」も入っていない。

――だから、江戸時代の身分差別の問題を鋭く示している――

江戸時代の「人口」には「出稼ぎ人」が入っていない（途中から入るようになる）。いかなる出稼ぎがあったのか、どのくらいの期間出稼ぎしていたのか、これは「江戸時代」の生活の一面を語ると共に、現代にまでつながる「農村と都市」の問題を示している。

また「人口」には、えぞ・琉球が入っていない。領土の問題・国家の問題・隣国との問題がここには示されている。

だから、谷山氏のように「江戸時代の人口は二七〇〇万人程度で停滞していた」と捉えるか、向山のように「江戸時代の人口は二七〇〇万人程度で停滞していたという調査があるが『数に入っていない人々を推定する』ことで、授業がちがってくるのである。

谷山氏はさらに言われる。

たびたび凶作とききんがあった。ききんのたびに農民や貧しい町民がたくさん死んだ。そのため、この時代は人口が横ばいで増えなかった。（傍点著者）

これは本当なのか？「そのため」の語はこれでいいのか？　人口が増えないのは「凶作」などという自然災害によるものなのか？

産業・経済の停滞に制約されて人口は伸びようにも伸びることができなかった。


と考えるのが通説である。

「凶作」「ききん」は、そうした中の一因にすぎない。

マルサスの人口の原理の第一前提を、この時期ほど明瞭に示したものはないと言われるほどなのである。

谷山氏の説明では、「凶作」「ききん」などがなければ、人口は増加することになる。「凶作」「ききん」がなければ人は死なないことになるからである。

が、それでは、この時代の悲惨な流行現象を説明することができない。

悲惨な流行現象――「間引き」である。

領主は「間引き」を禁止したり、養育料を交付したりしたが、あまり効果は上がらなかったのである。

谷山氏は言う。

> 向山氏の出しておられる資料が一七二〇年代から一八四〇年代にわたっていますから……

向山の出した資料は「一七二〇年代から一八四〇年代」までだと言われる。谷山氏の文脈でいくと、他の人の資料なら年代がちがってくることになる。

たとえば、一六〇三年から一八六八年までの江戸時代の人口グラフがあってもよいことになる。こんな小さな書き方の中にも、教材研究の深浅が出てしまう。

「江戸時代の人口」の資料は、当時としては「これですべて」なのである。これ以前とこれ以後はないのである。

だから「向山の出した資料」であろうと「大学の先生が出した資料」であろうと、

一七二〇年代から一八四〇年代までしかないことになる。どうして、この間しかないのか？

これも大きな学習問題なのだ。

谷山氏は左のように述べている。

> 特に大きなききんとして、享保、天明、天保の三大ききんがあった。この直後に人口が激減している。
> ——ここでグラフを見て分からせる。

人口が激減していると言われる。
では、どのくらいの人が死んだのであろうか。谷山氏は、津軽藩だけでも一〇万人がうえ死にして、三万人が伝染病死していると言われる。この割合でいくと、二七〇〇万人（と計算した）の人口がどれほど減ったのだろうか、
何せ、津軽藩でさえ、一三万人も死亡している。半分の一三〇〇、一四〇〇万人が死んだのだろうか。これなら、確かに「激滅」している。
人口の二割、五四〇〇万人くらいが死んだのだろうか。これでも、「激減」していると言っ

ていいだろう。

享保の大飢饉　七六万八〇〇〇名の減

天明の大飢饉　九二万四〇〇〇名の減

天保の大飢饉　一三万七〇〇〇名の減

確かに多くの人々が亡くなっている。悲惨なことであった。しかし、これを「人口の激減」と呼ぶことができようか。少なくとも天保の場合などは「激減」まではいかないだろう。母集団が二七〇〇万人のうちの一三万人である。

谷山氏は、「グラフを見て分からせる」と言われる。

これをグラフに書くとどうなるのか。

母集団が大きいから「なだらかな折れ線」になってしまうのである。「人口が激減」しているどころか「少し減ったかな?」というぐらいの印象しか与えないのである。

ところで、ききんの人口減少について言えば、江戸(つまり東京)の人口となると動きがちがってくる。

全国の平均値に比例しないのである。当時すでに、江戸は世界最大の都市であったが、なぜこのように人口が集中したのかも問題である。当然、武士人口の江戸への異常な集中に原因はあるのだが、これは、幕府の方針と深くかかわっていることなのである。参勤交代は人口移動の面でも捉えられる。

谷山氏には、このような目配りはない。また谷山氏は、再三「高い年貢」を強調されているが、現在と比べて、どのくらいであったのかを調べたことがあるのだろうか。谷山氏が強調されるほどには高くなかったのである。

以上、谷山氏自身の「教材解釈」の方法がどんなものか見てきた。

谷山氏が言及した範囲の他にも、グラフから見えてくることがある。

●どうやって江戸時代の人口を調べたのか？　何のために調べたのか？

「武士」は入っていない。「その他の人」も入っていない。えぞ、琉球も入っていない。なぜか？

これらのことはすべて「江戸時代」がもつ、歴史的性格そのものなのである。

●資料の数字はなぜ六年ごとになっているのか？　一七二一年から一七二六年までの点線は何を示しているのか。実線とどうちがうのか？　一八四六年以後はグラフにはない。

数え上げればまだまだ出てくる。これらは、すべて、「歴史」学習にとって大切な内容である。まさに歴史学習であり「江戸時代」の学習内容である。

谷山氏は私の授業に対して、「六年生の日本の歴史の学習というイメージは全然わいてきません」と言われた。

これは「イメージ貧困」な谷山氏自身の責任であって、他人になすりつけてはいけないのである。

他人の授業を批評するということは、自分の力量の反映なのである。

# 第4章

# 理論的に研究する

## 1 「問い方」をどうするか

### 1 話やスピーチの長さ

第三回教育技術二〇代講座が終了した。参加者は、事務局等を含めて二三〇名。五月の連休に九州から北海道まで全国各地から集まってきた。一流ホテルにおける、一流講師陣による豪華な講座である。

最終日は、「大森修氏と佐々木俊幸氏」の同時進行の分科会で、その後にシンポジウムがあった。

会場からの質問に、その場で講師陣が答えるのである。

司会は千葉大(当時)の明石要一氏。

「問い」も「答え」も、端的である。ダラダラしたしゃべり方の人も一人二人いるが、それは他の研究団体でクセがついてしまったのであろう。

法則化運動では、前置きなしに核心について問い、核心について答えるというのがしきたりになっている。

よほどのことでない限り、二分以上は話さない。「スピーチが短い」ということは、優れた実践家になるための不可欠の条件である。

「スピーチ」ぐらいと思われるかもしれないが、軽んじてはならない。扇谷正造氏によれば、三菱銀行頭取だった田実渉氏は、「ワッグル（ゴルフの構え）とテーブルスピーチの長い者は管理職にしない方針」だったと言われている。

スピーチが長いと相手がイライラするわけだし、イライラさせながらしゃべり続けるというのは、つまり自分勝手で思いやりの心がないということらしい。

一つの見識である。

「スピーチの長いのは思いやりの心の欠如」と考えてみると、教師の思いやりはどの程度なのであろうか？

さて、シンポジウムは大変に好評だったのであるが、ここで「問い方」の常識を身に付けておられぬ方が目に付いた。

その点について、ふれてみよう。

## 2　問い方の基本

「問い」を出すのは簡単なことではない。

漠然と「社会科の授業における資料の扱い方はどうすればいいのですか」、と聞かれたところで、答えようがない。

大体、このような「問い」は、研究の「問い」になっていないのである。

ポイントが絞られていないから、一般的な話でお茶をにごすことになる。

もっと問いを絞るべきなのである。

その次に「研究」ということを考えれば、質問する方もそのことに関与しているわけだから、「自分の見解」を示すべきなのである。

> 問題を絞って自分の見解も示す。

これが「問い方」の基本である。

私は千葉大学で二年間、教育課程論と教育方法演習の講義を担当していた。

講義の中で、学生の質問を受ける時もあった。多くは「問い方」がちゃんとしていなかった。

「その質問は、質問の形になっていません。言い直しなさい」と言うことがしばしばあった。

教師の社会も同じである。

ちゃんと質問できるということは、それだけで一応の力量があるとみなせるのである。

これができない人が多い。

「問い方」の一例を示そう。

調布大塚小学校で「社会科の研究」をしていた時である。五年ほど前のことである。

都の教育委員会から指導主事が二名来校した研究会があった。

私たちは「質問」でまとめることにした。

その時の研究テーマは次のとおりであった。

> 社会科：分かる・できるを目指した授業の研究
> ――基礎的・基本的知識技能を身に付けた子供を育てるには――
> （作業化をとおして）

私たちの「質問」は、次のとおりであった（四学年分省略）。ご参考になろうかと思う。

(1) ねらいと基礎的基本的事項　――一年――

基礎的基本的事項を〈児童の身に付けさせたい大切なこと〉という立場に立って、単元のねらいや各時のねらいを分析してみます。すると、ねらいは単元および各時の基礎的基本的事項と一致しているのではないかと考えられます。

両者が同じものであるという考え方になると、①ねらいは基礎的基本的事項の中に含まれる。②基礎的基本的事項がねらいの中に含まれる。③両者は全く同一のものであり、〃どちらかの中に含まれる〃というものではない。という三項のどれに入るかという問題が起きてきます。

〈質問〉ねらいと基礎的基本的事項は同じものであり、上記の①に当たると考えたいのですがそれでよいでしょうか。両者はちがうものであるということでしたら、その差異を教えてください。

(2) スライドの効用について　――三年――

三年では「大田区の商店街」の単元を中心に研究をすすめてきました。その際、商店街の販売の工夫について自作のスライドを作り、授業の中で使いました。スライドを使う目的は、学年の考えでは「児童に共通の土俵を与える」ということでした。しかし、協議会で横国大の山田勉先生から「スライドは児童の思考をある特定の部分に押し込んでしまう」という指摘を受けました。そこで、①スライドは今まで経験しない児童の視野を広げ、共通の土俵を与え、効果的である。②スライドは、ある特定の部分しか投影していないから児童の思考を限定させる。

この二とおりが考えられます。学年では①と考えましたが、これでよいのでしょうか。また②の具体例があれば教えてください。

### 3　不明な問いに対する私の答え方

このような「問い方」「答え方」は、他にもいろいろとある。

各区の代表が集まって、一年間研究を続ける「東京都教育研究員」になった時である。第一回の研究会の席上で(参加者が誰か分からぬ状態で)、「何を研究したいのか書いて郵送せよ」、と担当の指導主事から指示された。それをもとにグループ分けをするとのことである。

私は書きようがなかった。無理して書いて郵送したのが次の文である。

「どんな研究をしたいのか」に対する私の考え

一九八〇、四、一九

大田区立調布大塚小学校　向山　洋一

Ⅰ　研究課題としての「教育課題」

私は、何かはっきりした「教育課題」の一項を研究課題と決めて、研究員総会の場に臨んだのではない。今の小学校教育において、「何が教育課題であるか」まで含めて研究していくのであろうと考えていたのである。「何が課題であるか」を、集団的に明らかにしていく研究方法論が配置されているだろうと考えていたのである(各自が考える「教育課題」を、整合性をもつ構造図にすることもまた研究の一つであると考えている)。

従って私は、「どんな研究をしたいか?」という問いは、研究的であるより研修的であると思う。「何が現代の教育課題であるか?」がまず問われ、「その教育課題の中からどれを研究対象として選択するのか?」「選択の基準、理由は何か?」が問われてこそ〈研究〉的になるのではないかと考える(私が本分科会の先行研究に抱く、唯一の不満は、「教育課題」を明示していないことであり、「教育課題と研究課題の関係」に言及していないことである）。

上原先生の問いに対して、私は今のところ、次のような答えしか導き出せない。つまり、「現在の『教育課題』は何かを、まずはっきりとさせることである」と。私は、何か分かりきったことを、もったいぶって言いたいのではない。「○○の課題は何か」という問題提起に答えられる人は、それほど多くはないし、まして集団的に（多くの意見を）構造化していく経験を積んだ人は、きわめて少ないと考えている（たとえば、地理の情報処理から出発した川喜多氏のＫＪ法のように……）。

私は、研究をそこから出発させたいのである。多くの先生方と共にである。

Ⅱ　教育課題の「構想」

私の意見は、Ⅰ項に述べたとおりであるが、上原先生のグループ分けの時の資料になりにくいとも思い、Ⅱ項を付け加える。昭和五一年の「教育課題」報告書に、Ⅰ項に述べたことに近い叙述がある。これを参考にして「教育課題」を粗く分類する。次のＡ・Ｂと１～４を組み合わせる。

Ａ　豊かな（幅広い）教育と、Ｂ　充実した（しっかりとした）〈極端に言えば落ちこぼれのない〉教育とによって、

1　教育課程としてどのように組織されたか。
2　教育課程がどのように機能し、運営されているか。
3　授業の方法がどのようになったか。
4　休み時間、学校生活がどうなったのか。

私は、A・Bと1～4までの組み合わせの中で、Bと4の組み合わせが大きな課題だと考えている。平たく表現すれば、「(落ちこぼれの子、一人ぼっちの子)に対して、新教育課程は、どのような点で改善され、その結果は、どのようになったのか」ということである。これが教育の出発点だと思うからである。

「教育とは、できない人間を変えることによって、できる子もさらに伸ばす営みである」

この言葉は、小澤征爾氏の恩師、齋藤秀雄先生の教育観である。私もまた同感である。

私は、生活指導を担当していることもあって、「一人ぼっちの子」「遊ばない子」「遊べない子」をどうするかが、私自身の課題ともなっている。

## 2 透明な理論は実践を導く――体験資料と記号資料

### 1 宇佐美理論に学ぶ

一九八〇年六月号の『授業研究』誌に、宇佐美寛氏の「認識論からみたわかる発問の条件」が掲載された。

この当時、法則化運動は影も形もなく、私も東京の片隅の名もない一教師にすぎなかった。

この時、私の仕事に注目していたのは、編集者の江部満氏、樋口雅子氏、研究者の安彦忠彦氏、宇佐美寛氏などごく少数だけである。

が、見る人は見ているものだ。私は、どなたとも面識はなかった。

さて、そんな時代に読んだ宇佐美氏の論文だが、私には大変勉強になった。

特にポイントを絞れば次のようなところである。

また、多くの授業記録や授業論が意味不明で感情に訴える甘いまどわしに満ちているのも、授業過程における「あらわれ」を報告することばと、何らかの思い入れをこめた評論語とが無自覚に混在しているからである。（略）

当面、ここでは、米国の哲学者パースの有名な論文「我々の観念を明晰にする方法」(How to make our ideas clear)の中のいわゆる「プラグマティズム格言」を使って考えてみる。

パースは言う。「われわれの観念の対象が、実際的な影響(Practical bearings)を持つであろうようなどんな効果(effects)を持つとわれわれが考え(conceive)ているのかを考えよ。そうすれば、これらの効果についてのわれわれの観念が、その対象についてのわれわれの観念のすべてなのである。」

パースによれば、「この石は固い」ということを知っているとは、「もし、この石をガラスにぶつければガラスは割れるだろう。」「もし、木片とこの石をこすり合わせれば、木片にはきずがつくだろう。」……等々を知っているということにほかならないのである。「もし……したらば……だろう。」と、個々の状況におけるあらわれを知っていることである。

右のパースの説明は、われわれが何を知っているのか、また何に気づいていないかを自ら意識し確かめる方法を述べたものであると言える。

この文章を読んで（これにかかわる他の宇佐美論文をも読んで）私は、社会科の研究授業の骨格を構想した。

（京浜教育サークルの他のメンバーと私との決定的なちがいは、このような原理から教育の具体的イメージを構想できるかどうかである。）

一九八〇年一〇月八日、都の研究員の「研究授業の覚書」で、私は次のようなことを書いた。

## 2　体験に基づく記号の理解

研究授業の覚書　No.2　　一九八〇・一〇・八

1　社会科教育における経験と記号との関係

（注）個人内に蓄積された情報（内部情報）のうち、直接「見聞した」情報を経験（体験資料）と呼び、外部情報のうち文字・表・数字などに抽象化された情報を記号（記号資料）と呼ぶことにする。

◇「雪」という言葉がある。言葉という中に、字形・意味内容も含める。

「雪」という言葉の「音」だけをおぼえるなら、「オウム」にもできる。しかし、これだけでは、ほとんど意味をなさない。「学習」という事態からも遠い。

「雪」という言葉は、その意味内容〈白い・冷たい・降る……〉などと結びついて、初めて意味を持つ。

◇「雪」という言葉を、熱帯地方の子供に教えるのは、かなり困難であろうと思う。雪を体験していないからである。従って、「雪」の統一的イメージを分解したもの、つまり〈白い〉〈冷たい〉〈降る〉などを個別に教え、それを合成させることになる。こうして出来上がった「雪」のイメージは、体験した人間の「雪」のイメージと、かなり離れているであろうと思う。盲人が象をなでて、絵を描いたのに近いと思う。

さらにこの場合、致命的なのは、熱帯地方の子には、「冷たい」という体験がほとんどないことである。「涼しい風」さえ、「冷たい」と表現する地域もある。

◇つまり、ある言葉(記号)が理解できるためには、それに先立つ体験(意味内容)が理解されていることが必要となる。体験をもとに、間接体験(映像や文)は理解され、それらをもとに記号を理解していく。

◇「大田区は京浜工業地帯も属する」という資料(記号)がある。この場合も、記号と体験の関係は同じである。

「工業地帯」などという抽象的な内容は存在しない。「川が汚れている」「工場がびっしり並んでいる」「車が多い」「星が見えにくい」「緑が少ない」「うるさい」「人間が多い」などの個別の現象が存在するのである。

◇子供たちが、「工業地帯」という言葉を理解できるためには、そうした個別の「体験（直接的な体験）」、およびそれをもとに作られたイメージ）が不可欠となる。大田区の「工業生産額」のグラフなどをもとに理解するのではないのである。個々の体験をもとに理解するのである（たとえば、一〇〇年前の大田区の子供に「工業生産額」のグラフを示しても、ちんぷんかんぷんであろう。まして工業地帯の理解などできるはずがない。なぜか？　理解のもとになる体験がないからである）。

◇つまり「大田区は京浜工業地帯である」ことを学習するためには、記号資料を与える前の子供の頭の中は、次のようでなければならない。

①　大田区が、京浜工業地帯に属する具体的事実を経験においてよく知っている。

②　個別的事実を系統化し、その中の「意見」「矛盾」を検証する方向を考えられる。

③　検証した内容を、ある方向から分析・整理して捉えなおすことができる。

◇以上の内容を簡単に整理する。

①　社会科の授業を支える資料は、Ⓐ体験資料、Ⓑ記号資料、の二種類である。

② Ⓑは Ⓐをもとにしてのみ理解しうる。

③ 授業の中では、㋐体験の層を拡大する、㋑体験の層を系統化し「意見」「矛盾」を明確にする、㋒分析、整理して〈抽象的理解の層〉を広げる、ことが必要である(体験とは、直接に経験したことだけを意味しているのではない)。

◇これらの内容は、今までの社会科教育ではあまり見なかった主張を含んでいる。

① 「記号資料」は「体験資料」に基づいて理解される。
② 「体験」資料の層を拡大することを重視する必要がある。
③ 「記号資料」だけを中心にした授業は、初めからある種の「狭さ」を含んでいる。

## 3　透明な理論は実践を導く――研究記録の批判的分析

### 1　宇佐美論文の意義

前項に続けて、宇佐美理論が私の実践をどう導いたかを書く。

これは一九八〇年の実践である。

当時、宇佐美理論に私が引かれたのは、何よりも氏の文体の透明度が高く、何を言っているのかがよく理解できたためである。

もってまわったような言いまわし、慎重さのためか前置きや注釈が長い書き方、やたらに漢語、カタカナ語の多い文章……そんなものと宇佐美氏の論文ははっきりとちがっていた。明確にちがっていたのである。

現在でもこの想いは変わらない。

宇佐美理論を通過していない教育論文を、私は第一級の教育論文とは認めない。むろん宇佐美理論を通過するということは、宇佐美氏の論に賛成せよということではない。

当然反論もあるだろう。いや、反論の方が多いだろう。

それなら、宇佐美氏の理論を超えた理論を展開すべきである。もちろん、論じるには具体的であることが必要である。少なくとも、宇佐美氏の主張には研究者らしい目配りをすべきである。

「これが理論だ」ということを、私は宇佐美氏の文章を読んで納得した。あらゆる夾雑物を取り除いて、「論理」の「骨太」な「筋道」を示してくれるのである。夾雑物だらけの「教育論文」を見てきた私には、それは新鮮な驚きであった。

もちろん、宇佐美氏以前にもすばらしい研究者はいて、たとえば「宗像誠也氏の研究論」などは、実践家・研究者には必読の書だと思っている。

しかし、優れた教育論文はあったにもかかわらず、役に立たない、分かりにくい教育論文の方が圧倒的に多かった。

そうした事態に大きな石を投げ入れたのが、宇佐美氏の「ゆさぶり」批判であった。

当時、宇佐美氏の論に対して「机上の空論」「実践から離れた空論」などの批難があったが（批判というようなな高級なものではなかった）、私には明快な理論であった。

「宇佐美氏の理論は、実践を導く」という強い思いがあった。

それを具体化しようとしたのが、本稿である。

また、「出口論争」の中で、「わけの分からぬ教育論文」を書かれている方々が、「実践の裏づけのない宇佐美氏の論」などと陰口を叩いていたことに対する憤りもあった。名もなく力もない向山ではあるが、宇佐美氏の理論で実践が導かれることを示してやろう、という私なりの思い入れもあったのである。

この時の私の論文は、「とっかかり」にすぎないが、自分としては、今後発展させていくべき大事なテーマであると考えている。

## 2 研究記録を分析する

前項で、私は次の主張を述べた。

> ①図表などの「記号資料」は、子供が実際に体験した(テレビ、映画なども含めて)「体験資料」に基づいて理解される。
> ②子供の「体験」資料の層を拡大することを重視する必要がある。
> ③図表のみを授業で扱うといった「記号資料」だけを中心にした授業は、初めか

らある種の「狭さ」を含んでいる。

この主張について、当時の「研究紀要」をもとに論証している。
「研究授業の覚書」として、No.３、No.４を発行しているので、それを紹介しよう。

研究授業の覚書　No.３　一九八〇・一〇・八　向山洋一

Ｉ　社会科研究記録の批判的分析〈その一〉

前述の内容を論証するために、いくつかの実践記録を批判的に分析する。

(1)「昭和四三年度東京都教育研究員〈社会科〉」は、「発展する工業」の学習を通して資料活用能力育成の研究を次のように報告している。

「従来のような工業地帯を単なる立地条件だけで捉えることはできない。そこで『工業のしくみ』や『工業を支える条件』と関連させて工業地帯の現状、形成条件、形成過程を学習させれば、工業地帯を正しく児童に捉えさせうると考えた。」

次の二点は、はっきりしている。

① 「記号資料」だけで「工業地帯を捉えさせよう」としている。
② 「体験」の層を拡大させようとする視点がない。

覚書No.2(一五五頁)で述べたように、「体験資料」の支えがなければ「記号資料」は理解しえない。

この授業の中でも子供たちはそれなりに理解したであろうと推定する。しかしそれは、個々の子供たちが頭の中で個々の「体験資料」をもとにした思考活動をしていたためである。

ところが、前述の報告は「体験」との関係分析が不充分である。

(2) 同じ「報告」に次の実践事例と「研究の成果」がある。

「発展する工業の学習をする中で、問題解決に必要な資料を児童みずから求められるように意図した結果、たとえば前述の瀬戸内工業地域の学習で見られたように、一つのデータから、その社会的背景となる諸問題を読み取り、さらに関連した他の資料、写真をもって立証しようとする学習活動が見られるようになった」

どのような実践をして、こういう結論を導いたのか?

指導の流れは次のとおりである。

① 山口県の工業生産額の変遷グラフを見せた。

② 児童は、A生産額が多くなったのは、工場数、労働者数が増えたからだろう、B工業の種類や技術がすすんだからだろう、と予想した。

③ 検証のために、C四枚の工業都市と工場数の年次別分布図を提示した。

④ 児童は次のごとく発言した。「明治は三つだ」「北九州から広がってきている」

⑤ 分布図と写真を併用したD広い埋め立て地だ、石油化学工場だ、工場は少ないと、具体的なイメージがもてた。

I　この実践から、前述の「研究の成果」が語れるものであろうか。
この研究記録は実際の(研究活動がどうだったかではない。それは私は知りえない)

限定性を著しく欠いている。

Ⅱ　ＡＢの因果関係は逆になっている。Ｃの資料では、ＡＢの内容を検証することはできない。特に「工場数分布図」では、「工業の種類や技術の進歩」の検証にはならない。

Ⅲ　Ｄは、本当に具体的イメージであろうか？　私はそうは思わない。「写真」という記号資料にレッテルを与えているのである。

この授業の児童の反応は、「記号資料」を解釈するということにほとんど重心がかかっている。「具体的イメージ」「多様性」とはほど遠い。

記号資料は、きわめてせまく限定されたある方向の情報があるだけなのである。体験資料の中にこそ無数の多様な情報が含まれている。それはある種の現象そのものの照り返しだからである。

(3)　私は次の二つを仮説として導き出す。

①　具体的イメージは、体験資料をもとにしてこそできる。

② 多様な解釈・考えは、体験資料をもとにしてこそできる。

研究授業の覚書 No.4　一九八〇・一〇・九　向山 洋一

I 社会科研究記録の批判的分析〈その二〉

(1) 昭和五二年度、都小社研（東京都小学校社会科研究会）女子部の研究集録で、五年グループは「思考力を深めるための資料活用の手だて」を報告している。

子供の実態調査……工業単元に入る前に、「工業といわれたとき何を思い浮かべますか」という質問で約一五分間の自由記述をおこなった。

大部分の子供は連想ゲーム風に、知っている言葉を次から次へと書き出していった。（多い子で四〇前後、少ない子で五、六個）（例　地下資源、ヘドロ、重化学工業……。）

全体としてみると、子供の知っている言葉は割合多岐にわたっている。が、教師側で、その言葉についてどの程度のことを理解しているのか、その深さや広がりを調べることまで要求していなかったので、言葉を知っているといってもきわめて表面的なことであるかもしれない。

この実態調査には、次の諸点がない。

①「体験」の層を拡大し、再組織しようとする視点。
②「体験」の層をもとに、工業学習を組み立てていくという視点。
③「言葉」と「体験」は、どのような関係にあるのかという視点。

「子供の知っている言葉」を調査することが、社会科の授業で大きな意味をもつのであろうか？　私はあまり大きな意味を認めない。意味があるのは「知っている言葉」ではなく、「言葉を支えている観念」なのである。

だから「言葉の深さや広がり」についてこそ、調べることが必要だったのである。

(2)　この実態調査は、授業とどう関係していたのか？　報告では次のとおりである。

「言葉を知っているといっても極めて表面的なことであるかもしれない。その広がりや深さの程度については今後の授業の中で見極めていかなければならないと思う。公害に対する関心は四一％である。公害についての理解はどの程度であるか、これもまた授業の中で追究しなければならぬ点である」

「子供の実態調査」は、「子供が知っている言葉」を調べたいということ以外に、何の役割も与えられていない。そして授業は、分析〈その一〉の例と同じく、写真を示し、二つのグラフを示して展開されるのである。

何のために実態調査をするのか？　実態調査は授業といかなる関係にあるのか？

こうした意識がほとんど見られない（説明されていない）。

この場合も、〈その一〉で述べた次の二つははっきりしている。

| |
|---|
| ①「記号資料」だけで「工業」を教えようとしている。<br>②「体験」の層を拡大させようとする視点がない。 |

(3)　この記録の第二の実践では、まとめの段階として、川崎製鉄を見学している。子供のレポートでは次のように書かれている。

「製鉄所は広い敷地が必要であることは勉強して分かっていた。けれど実際に見学してみておどろいた。バスを使わないと全部まわるのに一日かかるということ、羽田空港の二倍もあること。」

子供は、「個別の体験」をもとに「広さ」を概念化している。「体験」の層は拡大され、それをもとに子供は工業を捉え直している。

ただし、この授業では、それらの体験をもとに「どの方向に、どこまでの」理解の層を作るのかという、教師の意図が不明確である。

従って、体験が「分散されたまま」で終わる可能性が強い。

## 4　透明な理論は実践を導く——内部情報の再構成

「社会科教育における経験と資料の関係」に書いたことをもとに、いくつかの「社会科研究記録の批判的分析」を行った。

それに続けて、私は「教科の構造と経験の再構成」「授業における教師の役割」を発表した。

一九八〇年一〇月二四日のことである。

研究授業の覚書　No.5　一九八〇・一〇・二四　向山洋一

Ⅰ　教科の構造と経験の再構成

◇一時間の授業に限定して考えてみる。

◇教師には指導目標(内容)がある。子供には指導目標の視点からみて、すでに蓄積された学習内容がある。前者を単元の目標と呼び後者を児童の実態と呼ぶ(当然のことながらここでいう「児童の実態」は、その授業との関係の中で教えられた実態である。また「児童の実態」は、このような方向でこそ考えられるべきである)。

◇単元の目標は、明確に述べられなければならない。その際に二つの視点を必要とする。

第一は、その目標はなぜ設けられたのかという点である。

第二は、その目標は具体的にどういうことを意味しているかということである。この二つは、共に大切なことである。第一だけが述べられ、第二がない場合は、授業のねらいがあいまいなものとなる。第二をいくら具体化しても、多くの下位目標を設けようと、第一がなければ、よいかわるいかわからない(手術は具体的な段どりを必要とする。銀行強盗も具体的な段どりを必要とする。段どりの精密さだけでは、よいかわるいか評価はできない)。

◇児童の実態は、授業との関連の中でこそ論述すべきである。その授業をするために、どれだけの情報が蓄積されているのかを明らかにするのは、授業にとって不可欠の条件である。

◇授業に先立って実態が調べられる。

そして、授業の初めに、今までの内部情報を再構成することが大切である。

すると、指導目標と内部情報の再構成の間に、ギャップが生じる。

授業を、この枠の中で考えてみたいと思う。たとえば、「Bの内容はAからかけ離れてはならない」「実態によって指導目標は異なる」などのことは、かなりはっきりすると思う。

| A　子供の内部情報の再構成 | B　指導目標 |
|---|---|

## 2　授業における教師の役割

◇教師は、内部情報を再構成してやるべきである〈あるいは再構成の方法を〈たとえばK・J法〉を教えるべきである〉。この内部情報の〈体験的側面〉が弱い場合は、それを豊かにする手立てをとることが必要となる。体験の発表、見学、映画等である。

◇指導目標をはっきりさせることである。これは、教科の系統の中から考えられる。教科の、つまり学問の系統による内容は、真理性が高く、知的刺激が強いからである。

◇図のA、Bの中にギャップが生じる。

これこそが、その授業の中で主として授業されることである。児童の今までの学習になかったものであり、しかも現在の力で学習することが可能なものである。

◇何を教材として、どう教えるかが必要となる。

指導目標の本質に迫れる教材が必要となろう。

矛盾や対抗の場面が生じるように、授業を組み立てていくことも大切となろう。

「日本は世界有数の鉄鋼生産国である。しかし、鉄鉱石の生産高は低い。これはどう考えたらよいか」というように……。

## 3　研究授業の授業

◇1・2で述べた内容のほとんどを、子供たちが自分たちで学習できるようにならないものかと考えている。

それができるなら、「教師の役割」も、少し異なってくる。教師が必要とされる場面はもっと少なくなるだろう(そのかわり、本質的な内容に触れる場面となるはずである)。

基礎基本を(自分の内部情報を)再構成して、新たな概念を作っていける力というのが私のねらいである。

――以上――

ここには、私の目標論の原型が示されている。

この当時、目標についてかなり具体的な分析を加えている。

法則化運動の論文の中では「目標の記述を重視しない」ことから、「目標論のない向山」という批難が加えられているが、見当はずれである。

法則化運動で集めている技術方法は、それぞれ一つのユニットなのである。

一つのユニットを使って、様々な「目標」を与えることができる。

同じことを、向山洋一が使う場合と新卒教師が使う場合と「目標」がちがってくることがある（その方が多いだろう）。

そのようなユニットに対して、特定の目標を設けない方がよいと考えているのである。

目標は使用する教師自身が示せばよいのである。教師にはそれぐらいの知性はある。

法則化論文が目標の記述を重視しないのは、以上の他に「技術・方法」をくっきりと伝えたい、今までのダラダラともっともらしい理念が書かれた教育論文と訣別する、などの理由があるためだった。

# 解説

# 教師の世界に本物の学問研究を示した

岡山市立芥子山小学校　小野隆行

新卒時代から、教育の世界は、研究とはほど遠い世界だと感じていた。

なぜなら、研究とは「その物事について事実を探求すること」であるからだ。

私は、大学時代に研究についての基礎を学んだ。

「研究は仮説を立てて、その仮説が正しいかどうかを吟味すること」

「その仮説が妥当かどうか、先行研究にできるだけあたること」

「研究テーマは、できるだけ小さく絞ること」「小さな事実から誇大な結論を導き出してはいけない」「引用は正確にすること」

教師になり、教育現場に入ってみると、大学時代に学んだ作法を備えた研究とは、全くといっていいほど反対の研究が行われていた。

研究授業の指導案に引用文献を示すと、「そんなものはいらない」と管理職から指摘を受けた。「先人の研究を尊重するのが当たり前ではないですか」といくら言っても、普通は書かないからだと聞く耳さえもってくれない。

だから、すでに先人によって発表されてきた方法や理論が、さも自分の研究成果のように記述される。なぜ、これが盗作にならないのだろうか。これは今でも変わらない。

また、研究テーマの壮大さについていくことができなかった。

例えば、「自ら学ぶ意欲を育てる国語科の研究」というテーマがある。いったいこのテーマのどこが研究になり得るのか私にはわからなかった。

いったいどのような状態であれば、「自ら学ぶ意欲を育てた」と言えるのだろうか。そもそも、現在の「自ら学ぶ意欲」のレベルはどれぐらいなのか。さらに、これはどの子に焦点を当てているのだろうか。誰も答えられないのである。これが本当に研究なのか。

しかも、このテーマの結論は「単元の導入を工夫することで、自ら学ぶ意欲を育てることができた」となった。壮大な研究テーマから、壮大な結論を導き出す。だから、誰も心の底から本当にそうだとは思えない。

このようなおよそ研究的ではない「研究」が、毎年毎年繰り返されていく。私は、失望にも似た冷めた心情で研究というものを捉えるようになっていた。

そんな私に、研究の奥深さを教えてくれたのは、向山洋一氏であった。

第1章「向山流研究法一〇カ条」の中に、研究のまとめに関する記述がある。

「この研究に正対する形の結論は出せなかった」というのが結論である。

初めてこの記述を読んだとき、私は体中に衝撃が走った。

このような結論は、見たことも聞いたこともなかった。

しかも、この研究のまとめは、調布大塚小学校社会科公開研究会の「研究紀要」に掲載されている。全国から多くの参観者が訪れる学校での授業を公開しての研究会で、このような結論が出されているのである。普通は、体裁を保つため、何らかの結論を導き出そうとするものである。しかし、向山氏は違った。見栄も外聞も関係ない。そこには、ただ研究に誠実に向き合うという姿勢が強固なまでに示されていたのだ。

しかも、そのことが学校全体の教育活動を通して示されている。

私は、この事実を知って、感動を覚えずにはいられなかった。

向山氏は、繰り返し繰り返し、次のことを述べている。

研究に嘘をつかない。

そのことが向山氏の主張、実践には貫かれているのである。そして、それが教育技術の法則化運動の研究のスタンスであった。それは、現在はＴＯＳＳに受け継がれている。教育の世界に本当の研究をという運動は、今後もさらに大きな展開を見せていくだろう。ＴＯＳＳでは、科学的な視点から研究を捉える取り組みがすでに始まっている。

それは、日本だけにとどまらず、世界中を相手にした研究である。医学や科学の世界と同じ、エビデンスが求められる研究である。教育研究の世界では、日本は大幅に遅れている。そこにＴＯＳＳは真正面から取り組んでいく。

教育界に、この科学的研究という視点を持ち込んだのは、まさしく向山洋一氏である。

本書の主張は、現在になっても全く色あせることはない。それどころか、この向山氏の主張を超える研究は、未だかつて存在しない。

研究とは何か、授業研究とは何か、その答えの出発点がこの本の中にある。本書の読者の中から、世界に日本の教育研究について発信していく人が出てくることを願っている。

# 日本の教育研究を「科学」にし、エビデンスに基づく世界標準へと発展させるための歴史的一書

TOSS熊本　椿原正和

## Ⅰ　調べ尽くす

研究の本質・楽しさを教えてくれたのは、向山氏だった。

その第一歩が、「雑誌のバックナンバー一〇年分」を調べることだった。初任の頃はバックナンバーを持っていない。だから、大学で探した。目次をコピーする作業が最初だ。ついつい気になる論文を読んでしまうこともしばしばだった。時間はかかったがそういう宝物を発見する喜びがあった。一度、目次一〇年分をコピーしておけば、次から検索が圧倒的に楽になることも実感した。これは第一段階であり、次に関連論文に示されている参考・引用文献を読むことも必要となった。このことに気づいてから向山氏が言うように、「大学の図書館に一日籠る」ようになった。これは結構大変だった。大海の中を漂流している感じだった。何も収穫がないこともあった。そのような時、私の信念は「絶対にあると思っ

て探す」だった。「日本語の成立過程と精神文化」という授業を創った時、チームを作り授業作りを行った。どうしても必要な資料があった。熊本の大学にはなかった。普通はここで諦めるのだが、仲間が国立国会図書館のマイクロフィルムの中から探してくれたことがあった。その時にヒントを与えてくれたのが、平家物語研究では日本で三本の指に入るという教授だった。私は、このエピソードがあって以来、必要な資料は必ずあるという信念をもつようになり、「調べ尽くす」ことを自らに課すようになった。

大きな授業を創る時、「調べ尽くす」ことを自らに課すようにしている。

あれから三〇年。今やTOSSでは、エビデンスをキーワードに、世界の英語論文も使って調べることが当たり前の世界になろうとしている。「調べ尽くす」、が日本の論文から世界の論文へとレベルアップしている。

## 2　嘘をつかない

再度、『新版　授業研究の法則』を読み返した。その中に「科学研究に嘘を入れた人は、研究の世界から永久追放される」という一文があった。

日本でもこのような問題が起きた。それに比べると教育論文の世界は、相当に甘い感じがする。教育論文の中に隠れている「嘘」を向山氏が何度も暴き出してみせた。

研究の結果、成果が出ないこともある。そのことを明記した研究紀要を見たことがなかった。どの研究紀要もこじつけて成果を出していた。

しかし、向山氏が研究主任だった調布大塚小の公開研で配布された研究紀要の「研究のまとめ」には、次のように書かれていた。

「研究主題に正対する形の結論は出せなかった」というのが結論である。

この一文の衝撃は今でも鮮明に覚えている。これが「嘘をつかない」ことであり、研究のあるべき姿なのだということに気づかされた。ＴＯＳＳ－ＳＮＳのダイアリーの中でも、「嘘をつかない」実践記録を書ける教師は、めきめきと力をつけている。それは、うまくいかなかった実践に対する見方・考え方に決定的な違いがあるのだと思える。うまくいかなかった実践を「失敗」として封印するのか、原因を分析し対策を考える「研究の対象」とするのかの違いなのだと思う。

## 3　研究の仲間をもつ

できるだけ「褒めない」ことを前提としてサークルをもつことは、何ものにも替え難い

私の四〇代以降の授業研究は、吉永氏によって支えられた。

だった。熊本大学附属小教官から県教育委員会の指導主事を歴任し、校長で退職した方だ。

の仲間だった。その後、全国規模の仕事をするようになった時、出会ったのが吉永順一氏

氏と出会い、サークルを続けることができた。二〇代の私の基礎を作ったのは、サークル

いた。返信があったのは一名だった。その後、斎藤喜博の実践を追い求めていて樋口英機

財産だと思う。私は初任の時、同期採用の約四〇名にサークル結成を呼びかける手紙を書

## 4　エビデンスに基づく教育研究の時代

本書は、日本の教育研究を「科学」にしようとした歴史的な一書である。

そして今、ＴＯＳＳではエビデンスに基づく教育研究の道へと進もうとしている。

世界に向けて日本の教育研究を発信しようという取り組みの第一歩だ。

ＴＯＳＳの教育実践、教材の素晴らしさを世界に向けて発信し、安倍総理が戦後七〇年談話で述べているように、日本が世界に向けて貢献できる分野の大きな柱が「教育」なのだ、ということを具体化できるのは、現時点でＴＯＳＳしかない。

本書を読まれた若い教師たちが、日本の教育を世界標準にする時代が来たのである。

学芸みらい教育新書 ❼

新《しん》版《ぱん》 授《じゅ》業《ぎょう》研《けん》究《きゅう》の法《ほう》則《そく》

2015年11月10日　初版発行

著　者　向《むこう》山《やま》洋《よう》一《いち》

発行者　青木誠一郎

発行所　株式会社学芸みらい社
〒162-0833 東京都新宿区箪笥町31番 箪笥町SKビル
電話番号 03-5227-1266
http://gakugeimirai.com/
E-mail：info@gakugeimirai.com

印刷所・製本所　藤原印刷株式会社

ブックデザイン・本文組版　エディプレッション（吉久隆志・古川美佐）



ISBN978-4-905374-92-3 C3237